너는
어느 나라에서
왔니?

더불어 사는 지구는 우리가 세계 여러 나라 사람들과 함께 이 지구에서 더불어 잘 살기 위해 생각해 보아야 할 환경과 생태, 그리고 평화 등의 주제를 다루는 시리즈입니다.

Ça bouge dans le monde

by Bruno Goldman, Livia Parnes.
Copyright © HATIER, 2007. All rights reserved.

Korean Translation Copyright © 2008 by Green frog publishing Co.
This translation is published by arragement with Les Editions HATIER
through Shin Won Agency.

이 책의 한국어판 저작권은 신원 에이전시를 통해 Les Editions HATIER와의 독점 계약으로 초록개구리에 있습니다.
신저작권법에 의해 한국 내에서 보호를 받는 저작권이므로 무단 전재와 무단 복제를 금합니다.

너는 어느 나라에서 왔니?

글 리비아 파른느·브뤼노 골드만 | **옮김** 이효숙 | **감수** 윤인진

초록개구리

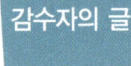
감수자의 글

다문화 시대에서 슬기롭게
살아가도록 도와주는 길잡이 책

여러분, 할아버지 할머니께서 즐겨 부르시는 대중가요 가운데 '인생은 나그네 길'이라는 노랫말이 나오는 노래가 있어요. 이 노랫말처럼 우리는 살아가면서 크고 작은 이주를 경험하지요. 사람들은 더 나은 교육을 받거나 일자리를 얻으려고, 또는 결혼을 하려고 정든 고향을 떠나 낯선 곳에서 살게 됩니다.

전 세계적으로 2억 명의 인구가 자신이 태어나고 자란 나라를 떠나 외국에서 살고 있습니다. 이들 국제 이주자들은 비록 외국에서 살고 있더라도 모국을 결코 잊지 않습니다. 그래서 이주자들은 자기가 지금 살고 있는 나라와 모국에 모두 큰 영향을 미치고, 많은 변화를 일으킵니다.

우리나라도 옛날에는 단일민족이었지만, 1990년 무렵부터 외국인

노동자나 결혼 이민자를 비롯한 국제 이주자가 늘어나면서 이제는 우리나라에 사는 외국인의 수가 우리나라 전체 인구의 2퍼센트에 이르렀습니다. 그만큼 다양한 인종과 문화가 우리나라 안에서 뒤섞이게 된 것이지요.

2050년에는 우리나라에 사는 외국인의 수가 전체 인구의 9퍼센트나 될 것이라고 하니, 앞으로 더욱 폭넓은 다문화 사회가 이루어질 것으로 보입니다. 따라서 이제 우리는 이런 변화를 슬기롭고 성숙하게 받아들여야 합니다.

이러한 때에 소개된《너는 어느 나라에서 왔니?》는 국제 이주의 역사와 형태, 원인과 결과를 여러분 눈높이에 맞춰 알찬 지식과 유익한 정보로 설명하고 있어 내용으로 보나 시기로 보나 매우 알맞습니다.

또한 이 책을 읽고 나면 여러분이 다문화 사회에서 살아가는 데 꼭 갖추어야 할 슬기로운 자세까지 터득하게 될 것입니다. 무엇보다도 이 책에서는 세계 여러 곳에 사는 어린이들이 체험한 이주 이야기를 소개해 놓아 여러분도 쉽게 공감할 수 있어서 이주와 다문화 시대의 사회를 이해하는 데 큰 도움을 줍니다.

  이 책을 읽고서 여러분이 지구촌의 한 주민으로서 세계 여러 나라의 문화를 열린 마음으로 받아들이고, 또 세계 여러 나라에서 우리나라에 온 이주자들을 이해함으로써 서로 함께 살아갈 수 있는 지혜와 올바른 마음가짐을 지니기를 바랍니다.

윤인진(고려대학교 사회학과 교수)

차례

감수자의 글
다문화 시대에서 슬기롭게 살아가도록 도와주는 길잡이 책 4

또 다른 세계로 출발!

1 지구는 이주의 행성? 12
　　아하, 그렇구나!
　　어디에 사는 누구? 16

2 옛날 사람들도 세계 곳곳으로 옮겨 다녔을까? 18
　　세계 시민에게 듣는 이주 이야기
　　역사 속의 여행과 이주 22

3 유럽은 왜 근대에 엄청난 이주가 일어났을까? 26
　　아하, 그렇구나!
　　무엇을 타고 떠났을까? 30

움직이는 세계

4 어디에서 어디로 이주할까? 34
세계 시민에게 듣는 이주 이야기
내가 꿈꾸는 도시와 나라 38

5 더 잘살기 위해 떠나는 걸까? 42
아하, 그렇구나!
신세계, 미국으로 출발! 46

6 '두뇌 유출'이란 무엇일까? 48
세계 시민에게 듣는 이주 이야기
외국에서 성공한 이주자들 52

7 다른 나라로 가는 길은 쉬울까? 54
아하, 그렇구나!
여권 좀 보여 주세요! 58

낯선 땅, 더불어 사는 삶

8 불법 체류자는 어떤 사람일까? 62

　　세계 시민에게 듣는 이주 이야기
　　전쟁과 가난 때문에 떠난 사람들 66

9 이주자는 어떤 어려움을 겪을까? 68

　　아하, 그렇구나!
　　이주자를 도우려면 이렇게! 72

10 이주가 세계를 더욱 잘 살게 만들까? 74

　　아하, 그렇구나!
　　이주를 떠나는 가방 속 구경 78

11 영원히 이주자로 남는 걸까? 80

　　세계 시민에게 듣는 이주 이야기
　　우리는 지구촌 이웃! 84

12 앞으로는 어디로 이주할까? 88

퀴즈 92
'네가 할 차례야!' 정답 95
낱말 풀이 97

또 다른 세계로 출발!

'이주'는 사람들이 본래 살던 곳을 떠나 다른 지역이나 다른 나라로 옮겨 가서 사는 것을 말한다. 한 계절 동안 옮겨 가서 살 수도 있고, 더 오랫동안 살 수도 있고, 때로는 영원히 살 수도 있다.

지구에 인구가 많아진 것은 이렇게 사람들이 이주를 했기 때문이라고 한다. 그렇다면 처음에 어떻게 이주가 이루어졌을까? 사람들은 사는 곳을 옮겨 다니면서 무엇을 발견했을까? 그리고 왜 사람들이 이주함으로써 지구에 인구가 많아지게 되었을까?

신세계는 어디일까?

서로 다른 민족이 마주쳤을 때 꼭 전쟁이 일어났나?

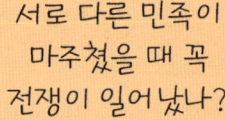

사람들은 왜 피부색이나 얼굴 생김새가 달라졌을까?

'이농'이란 무엇일까?

크리스토퍼 콜럼버스는 언제 아메리카 대륙을 발견했을까?

지구는 이주의 행성?

아주 오래전부터 인간을 비롯하여 수많은 동물들이 지구 곳곳으로 퍼져 나갔다. 그들은 먹을 것이나 새로운 땅을 찾기 위해서 여기저기로 끊임없이 옮겨 다녔다.

철 새는 해마다 이동을 한다. 추위를 피해 겨울을 나거나 번식을 하려고 먼 거리를 날아간다. 자기가 살던 곳에 추위가 찾아오거나 먹을 것이 없어지면 새들은 무리를 지어 따뜻하고 먹을 것이 많은 곳으로 떠난다.

제비, 방울새, 멧비둘기, 황새, 나이팅게일 같은 새들은 해가 짧고 날씨가 추워져 먹을 곤충마저 찾기 힘들어지는 가을 끝 무렵에 따뜻한 곳을 찾아 떠난다. 이 새들은 이듬해 봄에 다시 돌아온다.

엄청난 거리를 이동하는 동물도 있다. 연어는 1만 5000킬로미터나 이동을 한다. 거북 가운데에도 이렇게 긴 거리를 이동하는 종류가 있다. 바다코끼리는 얼음덩어리 위에 올라타고서 옮겨 간다. 그렇지만 무어니 무어니 해도 가장 긴 거리를 이동하는 동물은 새이다. 북극의 제비갈매기는 8개월 동안 자그마치 4만 킬로미터를 날아간다!

동물만 이주를 하는 것은 아니다. 동물은 본능에 따라 옮겨 다니지만 인간은 필요에 따라 이주를 한다.

오늘날 지구에 가득한 인류의 조상은 지금으로부터 100만 년 전에 동아프리카에서 살았다. 그러니까 인류는 아프리카에서 유럽으로, 그 다음에 아시아로 이주해 온 것이다. 그리고 약 2만 년 전에 다시 사람들은 베링 해협을 건너 아시아에서 아메리카로 갔다. 또 다른 사람들

우리 조상은 아프리카에서 온 이주자들이야.

인간은 약 6만 년 전에 아프리카에서 지구 곳곳으로 퍼져 나갔다.

은 바다를 건너 오스트레일리아까지 갔다. 이렇게 해서 세계 곳곳에 사람들이 살게 되었다.

시간이 흐르면서 인간은 사냥하는 법, 불 지피는 법, 집 짓는 법을 터득했다. 그러면서 어느 한곳에 자리를 잡아 머물러 살게 되었다.

그리고 나서도 한참 뒤인 약 1만 년 전에야 비로소 사람들은 먹을 것을 얻으려고 농사를 짓고 집에서 짐승을 기르기 시작했다. 하지만 먹을 것을 찾기 위해 여전히 옮겨 다니며 사는 사람들도 있었다. 이들을 '유목민'이라고 한다.

제왕나비의 놀라운 여행

제왕나비는 해마다 캐나다에서 멕시코까지 머나먼 여행을 한다. 가을이 되면 제왕나비는 남쪽으로 날아가는데, 석 달 동안 약 4000킬로미터를 날아간다. 이것은 하루에 40킬로미터 넘게 날아가는 셈이다. 제왕나비는 멕시코와 미국의 캘리포니아 주가 만나는 경계선에 이르면 비로소 그곳에 있는 유칼립투스 나무 위에 내려앉는다. 제왕나비는 그곳에서 겨울을 나고, 이듬해 봄에 다시 캐나다로 돌아온다. 이처럼 긴 여행길에 죽는 제왕나비도 있고 새로 태어나는 제왕나비도 있다. 하지만 여행길에 태어난 제왕나비들도 본능에 따라 돌아오는 길을 찾는다.

네가 할 차례야!

철새들은 왜 V자를 그리면서 나는 걸까?

1. V는 영어의 '승리(victory)'를 뜻하므로, 스스로 자랑스러워서.
2. 새들은 영어를 모르는데, 정말 알 수 없는 일이다.
3. 뒤에 따라오는 새들을 덜 힘들게 해 주니까.

베링 해협을 어떻게 건넜을까?

베링 해협은 시베리아와 알래스카 사이에 있는 바닷길이다. 오래전에 인류가 아시아에서 아메리카로 가기 위해 이 해협을 어떻게 건넜을까?

1. 비행기를 타고.
2. 그냥 걸어서. 그때에는 시베리아와 알래스카 사이에 바다가 가로놓여 있지 않았으니까.
3. 카누를 만들어 타고.

답은 95쪽에

아하, 그렇구나!

어디에 사는 누구?

인간은 이주를 하면서 지구 곳곳에 퍼져 살게 되었다. 계절이나 기후에 따라, 또는 사는 곳이 외떨어진 곳인지 아닌지에 따라 사람들은 모습이 달라졌다. 주로 피부색, 얼굴 생김새, 체격이 달라졌다.

오른쪽에 그려진 사람들을 잘 살펴보고, 또 아래에 적혀 있는 글을 읽고 나서, 지도 위에서 이 사람들이 있어야 할 알맞은 자리에 놓아 보자.

A 검은 피부가 햇빛으로부터 몸을 보호해 준다. 드넓은 벌판에서 부메랑을 던져 사냥을 한다.

B 작고 가는 눈은 추위로부터 눈을 보호해 주고, 흰 눈에서 반사되는 빛으로부터도 눈을 보호해 준다.

C 추위를 잘 견디느라 팔과 다리가 짧은 편이다. 더욱이 코도 짧다. 그래서 몸은 열을 덜 빼앗긴다.

D 몸이 매우 튼튼하다. 몸집은 조금 통통한 편이다. 그래서 먼 바다에 나가서도 먹을 것 없이 며칠씩 지낼 수 있다.

ⓔ 이 사람들이 사는 곳에는 햇빛이 많이 비치지 않는다. 햇빛을 잘 흡수하려다 보니 자외선을 막는 멜라닌 색소가 적어져 피부가 하얗다.

ⓕ 아직도 숲에서 살고 있다. 키가 무척 작아, 어른이 되어 다 자란 키가 보통 130~140센티미터이다.

정답

1. 중앙아프리카에 동그라미 친다.
   ⓕ는 피그미족이다.
2. 북유럽에 동그라미 친다.
   ⓔ는 스칸디나비아 사람이다.
3. 폴리네시아에 동그라미 친다.
   ⓓ는 폴리네시아 사람이다.
4. 북아메리카에 동그라미 친다.
   ⓒ는 이누이트(에스키모)이다.
5. 동아시아에 동그라미 친다.
   ⓑ는 몽골 사람이다.
6. 오스트레일리아에 동그라미 친다.
   ⓐ는 오스트레일리아 원주민이다.

옛날 사람들도 세계 곳곳으로 옮겨 다녔을까?

역사가 흐르는 동안 전쟁, 침략, 정복, 항해, 발견 같은 여러 가지 이유로 많은 사람들이 세계 여러 곳으로 흩어졌고, 곳곳에서 변화가 일어났다.

지구에 인구가 많아지면서 사람들은 이 나라에서 저 나라로, 이 대륙에서 저 대륙으로 옮겨 다녔다. 고대에는 그리스와 로마가 세력을 넓히면서 그리스 사람들과 로마 사람들이 지중해 연안에 가서 살려고 자기 나라를 떠났다. 지중해 연안에 있는 마르세유는 오늘날 프랑스 땅이지만 그때에는 그리스 사람들이 만들어 놓은 도시였다. 그 때문에 마르세유는 그리스 섬인 포카이아의 이름을 딴 '포카이아 시'라는 별명도 가지고 있다.

로마 사람들은 자기들이 열심히 닦아 놓은 길 덕분에 여러 곳으로 여행도 하고 어마어마하게 큰 제국도 이룩했다. 로마 제국은 시리아에서 에스파냐까지 넓게 세력을 뻗쳤다. 그래서 오늘날에도 지중해 주변에서 고대 로마 제국의 흔적을 찾아볼 수 있다.

4세기부터 유럽의 북쪽과 동쪽에서 살던 유목민들이 새로운 땅을 찾아 남쪽으로 내려왔다. 로마 사람들은 이들을 야만인을 뜻하는 '바버리언'이라 했다.

이들 가운데에서 프랑크족이 오늘날의 프랑스에 터를 잡았다. 그 밖에 서고트족은 에스파냐까지 갔고, 반달족은 지중해 남쪽까지 갔다. 이들 종족이 쳐들어오면서 로마 제국은 망하게 되었다. 그리고 이들이 유럽을 차지하면서 유럽에 살던 종족에도 변화가 일어났다.

종교의 역사를 보아도 이주 이야기가 많다.

서기 70년에 많은 유대인들이 자신들이 살던 땅을 떠나 세계 곳곳으로 흩어질 수밖에 없었다. 예루살렘의 교회당이 파괴되었고 유대인들이 추방당했기 때문이다. 이렇게 곳곳으로 흩어진 사람들을 그리스 말로 '디아스포라'라고 하는데, 흔히 세계 곳곳에 흩어져 유대교의 규범과 생활 관습을 지키면서 살아가는 유대인을 가리킨다.

7세기부터 이슬람교가 지중해 연안에 있는 아랍 국가들에서 퍼져 나가 에스파냐를 거쳐 유럽으로 들어왔다. 이슬람 세력이 점점 커지자

너 나할 것 없이 신세계를 찾아 떠났구나!

유럽의 그리스도교도들은 두려움을 느꼈다. 11세기부터 13세기까지 그리스도교도들은 자신들의 성지가 있는 예루살렘을 되찾겠다며 십자군 전쟁을 일으켰다. 이슬람교, 유대교, 그리스도교 모두에게 매우 신성하게 여겨지던 예루살렘을 그때에는 아랍 사람들이 지배하고 있었다.

이렇게 어느 한곳을 두고 다른 민족들이 옮겨 와 차지하면서 전쟁이 일어나기도 했지만, 다른 문명이 만나 서로 더 잘 알게 되기도 했다. 이를테면 수학이나 의학, 과학을 비롯한 여러 가지 지식을 서로 주고받았던 것이다.

15세기가 끝날 무렵부터 유럽에는 숱한 이주가 일어났다. 1492년에 이탈리아 항해사 크리스토퍼 콜럼버스가 세계를 탐험하러 나서자 유럽의 수많은 항해사들이 그의 뒤를 따랐다. 콜럼버스는 아메리카 대륙에 처음 발을 디뎠을 때 그곳이 인도인 줄만 알았다. 그래서 아메리카 대륙에 살던 원주민을 '인디언'이라고 불렀다. 아메리카 대륙을 발견하고 난 뒤 16세기부터 18세기 사이에 유럽에서 약 100만 명이 이 '신세계'로 떠났다.

하지만 이때에 매우 서글픈 이주도 있었다. 아프리카 사람들이 유럽 사람들에게 짐승처럼 붙들려 아메리카 대륙으로 끌려가야 했다. 이들은 1000만 명이 넘었는데, 아메리카 대륙에서 노예로 비참하게 지냈다.

숫자는 누가 처음 만들었을까?

1, 2, 3, 4, 5, 6, 7, 8, 9.
셈을 할 때 쓰는 이 숫자들은 어디에서 온 것일까? 1400~1500년 전에 인도에서 처음 발명된 이 숫자는 먼 곳으로 장사를 다니던 아라비아 상인들을 통해 아라비아에 전해졌으며, 그것이 다시 유럽에 전해졌다. 그래서 오늘날 유럽에서는 이 숫자를 '아라비아 숫자'라고 한다.

네가 할 차례야!

옛날 유럽에서 야만인을 뜻하는 '바버리언'은 누구?

바버리언은 고대 로마 제국 주변에 살던 떠돌이 종족으로 자주 로마 제국이 다스리는 땅으로 쳐들어와 농작물을 훔쳤다. 훈족, 반달족, 서고트족 같은 종족을 바버리언이라 했다. 그렇다면 누가 이들 종족을 '바버리언'이라고 불렀을까?

1. 동고트족
2. 로마 사람들
3. 몽골 사람들

'엘도라도'는 어디에서 나온 말일까?

16세기에 남아메리카를 정복하러 온 에스파냐 사람들이 '엘도라도'라는 말을 만들었다. 이 말은 어디에서 나온 말일까?

1. 남아메리카의 어느 지역 이름
2. 어마어마하게 큰 물고기 이름
3. 황금으로 온통 뒤덮여 있다는 나라의 이름

답은 95쪽에

세계 시민에게 듣는 **이주 이야기**

역사 속의 여행과 이주

옛날 사람들은 무슨 까닭으로 멀리 여행을 떠나거나 다른 나라로 이주했을까?
여기 세 친구가 역사 속에서 이루어졌던 여행과 이주 이야기를 들려준다.

1495

이삭

나이 : 10살
도시 : 이탈리아의 베네치아

15, 16세기 이탈리아 베네치아에서는 유대인들이 자신이 유대인이라는 것을 알리려고 빨간색 모자를 썼다.

유대인, 박해를 피해 세계 곳곳으로!

나는 에스파냐의 톨레도에서 태어났어. 하지만 이탈리아의 베네치아에 와서 산 지 벌써 3년이나 되었어. 베네치아는 길이 있어야 할 자리에 운하가 있는 참 특이한 도시야. 그래서 사람들은 어디론가 갈 때 '곤돌라'라는 배를 탄단다.

우리 가족은 유대인인데, 1492년에 이곳으로 와야 했어. 에스파냐 왕들이 에스파냐에 사는 유대인들을 모두 쫓아내기로 했기 때문이야. 에스파냐를 떠나야 하는 유대인은 아주 많았어.

하지만 유대인들이 모두 같은 길로 떠난 것은 아니야. 우리 집안에서는 포르투갈 국경을 넘은 사람들도 있고, 프랑스, 그리스, 터키, 모로코로 간 사람들도 있어. 또 이집트로 간 사람들도 있지. 우리 집안 사람들이 세계 곳곳으로 흩어지고 만 거야.

우리는 이제 가까이서 자주 보며 지낼 수는 없지만, 세계 곳곳에 친척이 있다고 생각하기로 했어. 사촌들은 분명히 자기가 사는 곳의 말을 새로 배울 거야. 그래도 우리 모두 다 에스파냐 말을 잊지 않았으면 좋겠어!

1285

잇수가이

나이 : 9살
도시 : 몽골 제국의 수도 칸발리크

칸발리크는 몽골 제국의 수도로, 지금은 중국의 수도인 베이징이다.

마르코 폴로가 다녀간 칸발리크

몽골어로 '큰 도시'를 뜻하는 칸발리크, 여기가 내가 사는 곳이야. 칸발리크에는 우리 족장인 쿠빌라이 칸의 왕궁도 있어. 쿠빌라이는 아시아와 유럽에서 수많은 영토를 정복한 위대한 용사 '칭기즈 칸'의 손자야.

쿠빌라이는 농업을 발전시키고, 길을 넓히고, 과학과 예술을 장려했어. 또 지폐를 쓰게 했지. 우리나라가 세계에서 가장 먼저 지폐를 썼다고 해! 대단하지?

어떤 사람들은 이탈리아의 여행가인 마르코 폴로가 쿠빌라이의 왕궁에 들어온 것을 보았대. 마르코 폴로는 황제에게 세계 곳곳의 진기한 일들을 이야기해 주었대.

북아메리카의 프랑스, 루이지애나

내 이름은 루이즈야. 나는 프랑스 낭트에서 태어났지만 지금은 프랑스에서 멀리 떨어진 북아메리카의 루이지애나 주에 살고 있어. 루이지애나는 프랑스 사람들이 많이 와서 사는 곳이야.

내 이름 루이즈와 내가 사는 루이지애나는 모두 프랑스의 루이 14세 왕의 이름을 본떠 지은 이름이래! 참 재미있지? 그리고 내가 사는 도시 뉴올리언스는 프랑스 말로 '누벨 오를레앙'이라고 하는데, 프랑스의 왕족인 오를레앙 가문을 떠올리게 하지.

우리 가족은 이곳으로 올 때 대서양을 건넜는데 아주 멀고 힘든 길이었어! 나는 오는 내내 뱃멀미에 시달렸어. 지겹고도 고된 항해는 미시시피 강에서 끝이 났단다. 미시시피 강은 루이지애나를 가로질러 길게 흐르는 강이야. '미시시피'라는 말은 어느 인디언의 이름에서 따왔다는데, '물의 아버지'라는 뜻이래.

루이즈
나이 : 12살
도시 : 미국
루이지애나 주의 뉴올리언스

1735

북아메리카의 루이지애나는 처음에 프랑스 땅이었지만 프랑스의 나폴레옹 1세가 1803년에 미국에 팔았다.

유럽은 왜 근대에 엄청난 이주가 일어났을까?

유럽은 19세기에 매우 큰 변화를 겪게 되었다. 산업혁명이 일어났고, 이때에 이주도 엄청나게 이루어졌기 때문이다.

지금부터 200년 전에 유럽은 인구가 매우 빠르게 늘어났다. 또 이때에 중요한 사건이 줄줄이 일어났다. 새로운 기계가 잇따라 발명되었고, 사람들이 공장에서 물건을 만들면서 농사를 덜 짓게 되었다. 이런 변화를 '산업혁명'이라고 한다.

이때 기차가 발명되었고, 기차 덕분에 사람들은 더 빨리 더 멀리 옮겨 다닐 수 있게 되었다. 일자리가 많고 볼거리가 끊이지 않는 도시에 이끌려 수많은 사람들이 시골을 떠났다. 이런 이주를 '이농'이라고 한다.

이렇게 시골에서 도시로 옮겨 온 사람들은 시골에서와는 확실히

다르게 살아야 했다. 이런 이주자들이 도시에 군데군데 모여 함께 살았다.

19세기 프랑스에는 수많은 외국인들이 와서 살았다. 프랑스에서는 산업혁명이 일어나면서 일손이 필요했기 때문에 외국인들이 얼마든지 와서 일하고 살 수 있었다. 벨기에 사람들, 이탈리아 사람들, 에스파냐 사람들, 폴란드 사람들이 몇 달 또는 평생 동안 살기 위해 프랑스로 왔다. 또 러시아에 살던 수많은 유대인들도 러시아에서 일어난 유대인 학살을 피해 도망쳐 왔다.

1880년부터 유럽 곳곳을 누빈 이주자는 연평균 100만 명이 넘었다. 100만 명이 움직였다는 것은 몇십만 가족이 낯선 곳에 가서 새로운 말을 배우며 살아야 했다는 이야기이기도 하다.

19세기 중반에는 많은 유럽 사람들이 아메리카 대륙으로 몰려갔다. 미국 서부의 캘리포니아와 캐나다에서 금이 발견되었기 때문이다. 많은 사람들이 배고픔, 콜레라, 황열병, 그리고 때로는 인디언에 맞서 싸우면서도 '황금빛' 인생을 꿈꾸며 길고 긴 여행을 떠났다. 어떤 사람들은 금을 캐서 많은 돈을 벌기도 했고, 또 어떤 사람들은 병에 걸리거나 고생만 하기도 했다.

수많은 유럽 사람들을 미국으로 끌어들인 놀라운 발견, '금'!

네가 할 차례야!

황금을 좇아서 떠난 여행

황금을 좇아 미국 서부로 수많은 사람들이 떠난 여행을 흔히 무엇이라고 할까?

1. 골드러시
2. 황금 모험
3. 보물섬 여행

답은 95쪽에

 **정보+**

감자 때문에!

19세기 중반에 아일랜드에는 몇 년 동안 흉년이 들었다. 영국의 침략으로 좋은 땅을 빼앗긴 아일랜드 사람들은 거친 땅에서 감자를 키워 겨우겨우 살아가고 있었다. 하지만 이어지는 흉년으로 감자마저 먹을 수 없게 되어 수많은 아일랜드 사람들이 죽어 갔다. 이 때문에 아일랜드 사람들은 자기 나라를 떠났다. 약 50년 동안 아일랜드를 떠난 사람은 500만 명이 넘었다. 그들 가운데 많은 사람들이 미국으로 갔다. 그래서 오늘날 미국 시민 가운데 아일랜드 사람의 후손이 아주 많다.

이민 가는 거야? 이민 오는 거야?

그레이스는 자신이 태어나서 살아온 나라인 짐바브웨를 떠나고 있다. 따라서 그레이스는 짐바브웨에서 보면 이민을 가는 사람이다.

그레이스는 다른 나라로 들어가고 있다. 따라서 그레이스는 자신이 옮겨 가서 살고자 하는 새로운 나라에서 보면 이민을 오는 사람이다.

아하, 그렇구나!

무엇을 타고 떠났을까?

다음 질문을 잘 읽어보고, 각각 어떤 교통수단을 말하는지 알아맞혀 보자.

A

나는 산업혁명이 일어났을 무렵에 만들어져서 오늘날까지 사람들에게 꾸준히 사랑을 받아 온 교통수단이다. 내 덕분에 시골에 사는 수많은 사람들이 도시로 쉽게 올 수 있었다. 나는 무엇일까?

B

오늘날 많은 사람들이 일하러 먼 곳으로 가거나 학생들이 유학을 갈 때, 또는 해외로 여행을 떠날 때 나를 자주 이용한다. 나는 무엇일까?

C

19세기에 사람들이 미국 서부로 먼 길을 떠날 때 그들을 데려다 준 것은 나다. 가는 길에 우리는 인디언을 만났고, 들소 떼로부터 공격을 받기도 했다. 여행은 길고 힘들었지만 나는 그들을 미국 서부에 내려놓았다. 기차가 다니기 전에 사람들이 많이 이용했던 나는 무엇일까?

D

나는 옛날 내 조상들보다 훨씬 크고 훨씬 빠르다. 몇 년 동안 나는 몇천 명이나 되는 이주자들을 대륙에서 대륙으로 실어 날랐다. 비록 사람들이 더럽고 축축한 곳에 짐짝처럼 처박혀 여러 날 고생하기는 했지만 말이다. 증기의 힘으로 움직이는 나는 무엇일까?

정답

A 는 기차
B 는 비행기
C 는 역마차
D 는 증기선

움직이는 세계

오늘날 세계 65억 인구 가운데에서 2억 명이 자기가 태어난 나라에서 살고 있지 않다. 그들은 자기 나라를 떠나 새로운 나라로 갔다. 왜 자기 나라를 떠나는 걸까? 이주자들은 낯선 나라에 가서 어떻게 살아갈까?

'두뇌 유출'이란 무엇일까?

외국에서 조국의 비극을 노래하는 가수는 누구일까?

여권은 어디에 쓰일까?

아시아에서 이주를
가장 많이 하는
나라는?

세계에는
이주자들이
몇 명이나 될까?

사랑하는 사람을 따라
다른 나라에 가서
살 수 있을까?

'솅겐 공간'이란
무엇일까?

마리 퀴리는 왜
자기가 태어나고
자란 폴란드를 떠나
프랑스로 갔을까?

세계에서 이주자를
가장 많이
받아들이는
나라는?

어디에서 어디로 이주할까?

지구에 사는 65억 인구 가운데에서 2억 명이 자기가 태어난 나라에서 살지 않는다. 북쪽에서 남쪽으로, 남쪽에서 동쪽으로, 동쪽에서 서쪽으로, 서쪽에서 북쪽으로, 이주자들은 여러 가지 길을 놓고서 가고 싶은 길을 고른다. 이런 여러 길 가운데에서 몇몇 길을 살펴본다.

아시아

전체 인구는 약 40억 명.

일본이나 타이완 같은 아시아의 몇몇 나라는 이주자를 많이 받는다. 하지만 이들 나라로 이주해 오는 사람들은 거의 아시아 사람들이다. 아시아는 오히려 이주를 많이 떠나는 대륙이다. 아시아에서도 이주를 가장 많이 하는 세 나라는 다음과 같다.

중국
인구가 13억 명으로 세계에서 가장 많으며, 또 이주도 가장 많이 하는 나라이다. 3000~5000만 명에 이르는 중국 사람들이 다른 여러 나라에서 살고 있다. 이들은 동남아시아를 비롯해 미국, 캐나다, 유럽에까지 건너가 살고 있다.

인도

인구가 10억 명으로, 인구가 매우 많은 나라이다. 많은 인도 사람들이 이주를 하는데, 다른 나라에 이주해 살고 있는 인도 사람들은 2000만 명쯤 된다. 이들은 영국, 오스트레일리아, 미국에 많이 산다. 그런가 하면 인도는 파키스탄이나 방글라데시 같은 이웃 나라들에서 혁명이나 그 밖의 정치적인 이유로 박해를 피해 오는 사람들을 몇백만 명이나 받아들이기도 했다.

필리핀

1억 명에 이르는 필리핀 사람 가운데 700만 명이 160개가 넘는 나라에 흩어져 살고 있다. 더욱이 많은 필리핀 여성들이 사우디아라비아나 쿠웨이트 같은 아랍 국가에 가서 가정부 같은 일을 하며 힘들게 살고 있다.

아메리카

전체 인구는 약 9억 명.

북아메리카에는 이민 오는 사람들이 가장 많은 나라인 미국과 캐나다가 있는가 하면, 이민을 떠나는 사람들이 가장 많은 나라인 멕시코도 있다. 멕시코에서는 1000만 명이 넘는 사람들이 이웃 나라인 미국으로 갔다.

중앙아메리카와 남아메리카에서는 잦은 전쟁 때문에 떠나는 사람들이 많다. 이들은 브라질이나 아르헨티나뿐만 아니라 미국이나 유럽으로도 떠난다.

유럽

전체 인구는 약 8억 명.

유럽에는 약 6000만 명에 이르는 이주자가 있다. 이 숫자는 프랑스 인구와 맞먹는다. 유럽연합이 생긴 뒤에 많은 사람들이 유럽 대륙 안에서 이주를 하였다. 또 아프리카와 아시아에서 이주해 온 사람들도 많다.

아프리카

전체 인구는 약 10억 명. 아프리카 대륙에 있는 나라 가운데 많은 나라가 세계에서 가장 가난한 나라들에 꼽힌다. 그리고 인구가 가장 빨리 늘어나는 곳도 아프리카이다. 서아프리카와 북아프리카에 있는 나라들에서는 이주를 떠나는 사람들이 아프리카 전체에서 가장 많다. 아프리카에서도 남아프리카공화국이나 보츠와나처럼 잘사는 나라들은 같은 아프리카 안에서 많은 이주자를 받아들인다. 전염병과 전쟁도 아프리카 사람들을 같은

21세기에 벌어지고 있는 세계의 이주 모습.

대륙으로든 다른 대륙으로든 이주하게 한다.

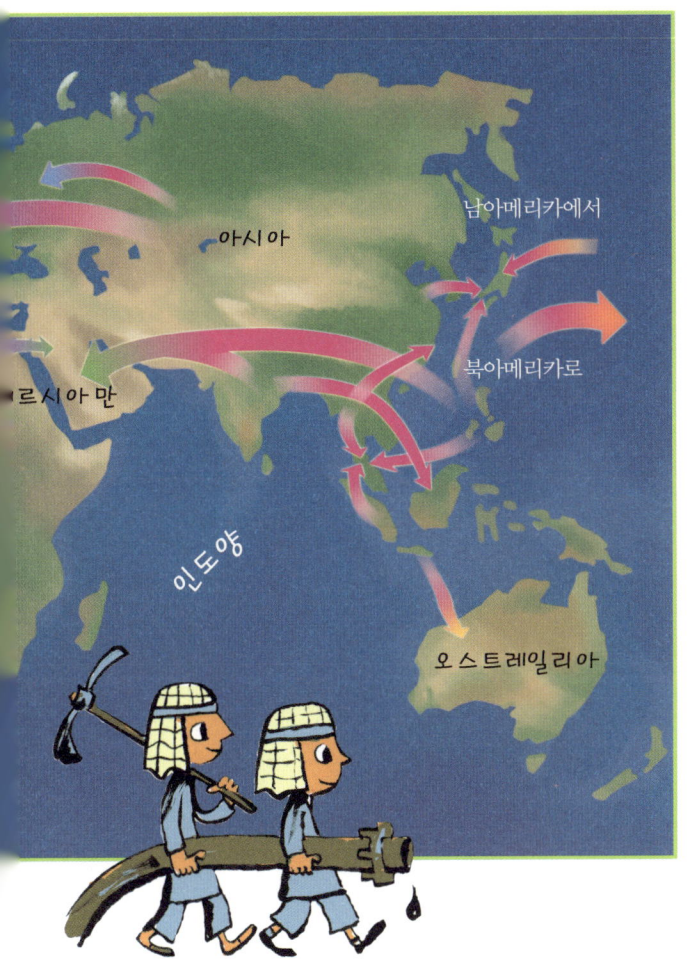

페르시아 만

전체 인구가 약 4000만 명. 아랍에미리트와 카타르에서는 노동자의 90퍼센트가 외국인이다. 쿠웨이트와 오만처럼 석유 때문에 잘사는 나라에서는 인구가 많지 않아서 일손이 부족하다. 그래서 동남아시아와 이웃 아랍 국가의 많은 노동자들이 이곳으로 일하러 온다.

오세아니아

전체 인구가 약 3300만 명. 오스트레일리아는 오세아니아에서 가장 큰 나라이다. 인구는 2000만 명인데, 그중 이주자가 600만 명에 이른다. 특히 아시아와 유럽에서 이주자들이 많이 온다.

세계 시민에게 듣는 **이주 이야기**

내가 꿈꾸는 도시와 나라

수많은 사람들이 저마다 품은 뜻과 꿈을 이루기 위해 멀고 낯선 나라로 떠난다. 여기 네 친구들이 마음속으로 꿈꿔 왔던 도시와 나라 이야기를 우리에게 꺼내 놓는다.

남쪽에 가서 말을 기르고 싶어

나는 파리에 살고 있고, 내 이름은 율리스야. 부모님은 그리스 신화에 나오는 위대한 여행자 율리스(그리스어로 오디세우스)를 내 이름으로 지어 주었어. 어쩌면 이 이름 때문에 내가 다른 곳에 가서 살고 싶어 하는지도 몰라.

내 꿈은 말을 기르는 거야. 내가 파리를 무척 좋아하기는 해도 말 기르는 일을 파리에서 할 수는 없어. 내가 살고 싶은 곳은 따로 있어. 프랑스 남쪽에 있는 몽펠리에 지방인데, 그곳은 풍경이 아름답고 날씨가 따뜻해. 나는 해마다 몽펠리에에서 여름방학을 보내. 바로 그곳에서 늠름하고 멋진 말에 올라타는 법을 배웠어.

율리스
나이 : 9살
도시 : 프랑스의 수도 파리

몰래 떠난 오빠를 찾아가고 싶어

그레이스
나이 : 13살
도시 : 짐바브웨의 수도 하라레

짐바브웨는 아프리카 남쪽에 있는 나라로, 잠비아, 모잠비크, 남아프리카공화국 사이에 있어.

몇 년 전부터 우리나라는 살기가 힘들어졌어. 내가 사는 하라레에서는 날마다 싸움이 벌어지고, 사람들은 일거리가 없어서 어렵게 지내.

우리 오빠는 스물두 살인데, 남아프리카공화국으로 떠났어. 오빠는 이주할 권리가 없기 때문에 밤이 되기를 기다렸다가 우리나라와 남아프리카공화국 사이에 있는 림포포 강을 건너서 몰래 남아프리카공화국으로 갔어.

오빠는 지난번 편지에서 마침내 일자리를 찾았다고 했어. 언젠가는 내가 오빠를 보러 갈 수 있겠지.

프레디
나이 : 10살
도시 : 쿠바의 수도 아바나

같은 말을 쓰는 에스파냐가 왠지 끌려

'쿠바'라는 나라를 아니? 쿠바는 중앙아메리카 동쪽 바다에 있는 섬나라야. 나는 여기에서 어머니, 아버지, 형, 누이동생 둘과 함께 살고 있어. 어머니는 집에서 우리를 돌보고, 아버지는 기계공으로 일해. 아버지는 주로 낡은 자동차를 고친단다. 우리는 쿠바의 수도인 아바나에 있는 아파트에서 살고 있어.

아바나에는 미국 사람, 프랑스 사람, 이탈리아 사람을 비롯해서 여행객들이 아주 많아. 하지만 나는 에스파냐 사람들에게 관심이 많아. 전에 에스파냐에 있는 도시들인 마드리드, 바르셀로나, 세비야의 풍경 사진을 본 적이 있어. 대서양 반대쪽에 있지만 거기에 가서 살고 싶어. 게다가 에스파냐 사람들은 우리와 같은 말을 쓰잖아!

내 마음은 벌써 삼촌이 계신 캐나다로

나는 중국에서 아주 큰 도시인 광저우에 살아. 광저우는 중국 남쪽에 있는 도시야. 아버지는 음식점을 해. 아버지와 함께 일하던 삼촌은 6년 전에 캐나다로 떠났어. 삼촌은 캐나다에서 음식점을 차렸는데, 우리에게 음식점을 찍은 사진과 동영상을 보내왔어. 아주 크고 멋진 음식점이야.

아버지도 캐나다에 가서 음식점을 차리고 싶어 해. 아버지가 우리도 어쩌면 캐나다에 갈 것 같다고 말씀하셨어. 난 요즘 캐나다 이야기가 실린 책도 읽고 인터넷으로 검색도 해 보았어. 캐나다에서 풍경이 아주 멋진 곳도 찾아 냈단다. 빨리 가서 그런 멋진 곳을 실제로 보고 싶어.

리 메이

나이 : 12살
도시 : 중국 광둥성 광저우

더 잘살기 위해 떠나는 걸까?

자기가 태어나고 자란 나라를 떠나는 사람들은 거의 더 나은 생활을 꿈꾸거나 더 좋은 일자리를 찾기 위해서 떠나는 것이다.

세계 곳곳에서는 수많은 사람들이 더욱더 나은 생활을 누리기 위해 자기 나라를 떠난다. 그 사람들 가운데 어떤 사람은 지금보다 더 좋은 일자리나 더 많은 임금을 주는 일자리를 얻고 좀 더 안락한 삶을 누리고 싶어 한다.

또 어떤 사람은 자기 나라의 가난이나 지나치게 많은 사람들 틈에서 벗어나려고 다른 나라로 떠난다. 왜냐하면 잘사는 나라들과 가난한 나라들 사이에 차이가 매우 크기 때문이다. 실제로 생활 조건이 훨씬 나은 유럽 사람들이 아프리카의 시에라리온이나 모잠비크 사람들보다 두 배나 더 오래 산다.

아프리카 말리 어느 마을의 우물가 모습.

더욱 놀라운 사실도 있다. 전 세계 아이들 가운데 10억 명이 넘는 아이들이 굶주리고 있다. 이것은 지구에 사는 두 아이 가운데 한 아이가 그렇다는 소리이다.

이렇게 많은 아이들이 배가 고픈데도 먹을 것이 없어 먹지 못하고, 아파도 제대로 치료받지 못하고, 배우고 싶어도 학교에 갈 처지가 못 된다. 왜 가난한 나라 사람들이 더 나은 생활을 꿈꾸며 잘사는 나라로 몰려드는지 이제 알 수 있을 것이다.

가난한 나라 사람들은 텔레비전에서 본 것이나 누군가에게 들은

세계에서는 10억 명이 넘는 어린이들이 굶주리고 있어!

이야기를 가지고 꿈을 꾼다. 그리하여 수많은 젊은이들이 가난에서 벗어나려고 자기 나라를 떠난다. 어떤 젊은이는 가족을 돕기 위해 다른 나라로 떠나, 그곳에서 번 돈을 집에 부친다.

하지만 때로는 좀 더 안전하게 살려고 이주를 하기도 한다. 세계 곳곳에 자기 나라의 정부와 생각이 다르다는 이유로 괴롭힘을 당하는 사람들이 있다. 그 사람들은 자기 나라를 떠나 생각을 마음껏 나타낼 수 있는 다른 나라로 가려 한다. 그런 사람들을 가리켜 '정치적인 이유로 이주한다'고 말한다.

네가 할 차례야!

맞을까 틀릴까?

1. 아주 가난한 사람들이 이주를 한다.
2. 이주하는 사람들 전체를 놓고 보면, 남자가 여자보다 많다.

답은 95쪽에

정보＋

계절 이주

며칠 또는 몇 달을 다른 나라에 가서 일하려고 이주하는 사람을 계절노동자라고 한다. 유럽에서는 유럽연합이 생기면서 수많은 계절노동자들이 여러 나라를 오가며 살고 있다. 프랑스에는 루마니아, 폴란드 같은 동유럽 국가에서 와서 농업이나 건설업 쪽에서 일하는 사람들이 많다.
미국에서는 텍사스나 캘리포니아에서 계절 이주가 활발하게 일어난다. 미국은 1942년부터 1964년까지 계절 이주 노동자 프로그램을 만들어 멕시코에서 450만 명의 노동자를 받아들여 농업 분야에서 일하도록 하였다.

이주자를 가장 많이 받아들이는 나라

1. 미국
전체 인구 3억 명 가운데 3500만 명이 다른 나라에서 온 이주자들이다. 전 세계 이주자들 가운데 5분의 1이 미국으로 떠난다.

2. 러시아
세계에서 가장 큰 나라인 러시아는 14개 나라와 맞닿아 있다. 전체 인구 1억 4300만 명 가운데 1300만 명이 다른 나라에서 온 이주자들이다. 하지만 수많은 러시아 사람들이 정치적 자유와 경제적 기회를 찾아 다른 나라로 이주하기도 한다. 지금 전 세계에는 1600만 명의 러시아 이주자가 있다.

3. 독일
전체 인구 8200만 명 가운데 700만 명이 다른 나라에서 온 이주자들이다. 이들은 거의 동유럽에서 왔다.

아하, 그렇구나!

신세계, 미국으로 출발!

이주자들이 가장 많이 가는 나라는 미국이다. 사람들이 언제부터 어떻게 미국으로 이주해 왔는지 문제를 풀면서 알아보자.

A

어떻게 해서든 이주자들을 끌어들이면 된다?

19세기에는 미국의 서부와 중부에 사람들이 많이 살지 않았다. 이 지역에서는 이주자를 끌어들이고, 또 이주자들이 미국의 다른 지역으로 가지 못하게 하려고 신문에 거짓 광고나 기사를 마구 실었다.

그때에 미국의 아이오와 주는 이웃에 있는 다코타 주를 두고 어떤 거짓말을 하였을까?

1. 다코타 주에 가지 마십시오. 그곳에는 눈 폭풍이 몰아칩니다!
2. 다코타 주에 가지 마십시오. 그곳에는 인디언들이 자주 쳐들어옵니다!
3. 다코타 주에 가지 마십시오. 그곳에는 메뚜기 떼가 몰려옵니다!

B

2000만 명이 넘는 이민 공동체는?

미국에서 가장 큰 이민 공동체를 이루고 있는 이들은 멕시코, 중앙아메리카와 남아메리카의 몇몇 나라에서 온 사람들이다.

이 이주자들을 뭐라고 부를까?

1. 멕시코   2. 아메리코   3. 라티노

C

레비 스트라우스는 무엇을 만들었을까?

1847년에 뢰브 슈트라우스는 독일을 떠나 뉴욕으로 갔다. 그는, 먼저 뉴욕으로 가 옷 만드는 공장에서 일하던 형제들과 만났다. 그는 이름을 '레비 스트라우스'로 바꾸고 미국 시민이 되었다. 그는 나중에 캘리포니아 주의 샌프란시스코로 가서 옷을 만들었는데, 그 옷은 금광을 찾아 몰려드는 수많은 사람들이 입어 아주 유명해졌다.

레비 스트라우스가 처음 만든 이 옷은 무엇일까?

D 떠나온 조국을 그리워하며

17세기부터 미국에는 유럽에서 온 사람들이 늘었다. 아일랜드, 네덜란드, 프랑스, 독일, 이탈리아 같은 나라에서 온 이주자들은 자신들이 새롭게 일군 땅에 떠나온 조국을 떠올리는 이름을 붙였다. '새로운 영국'을 뜻하는 뉴잉글랜드, '새로운 오를레앙(프랑스 가문의 하나)'이라는 뜻을 가진 뉴올리언스가 그런 도시이다. 또 '저먼 타운'은 독일 사람들이 모여 사는 도시를 뜻한다.

뉴욕의 처음 이름은 '뉴 암스테르담'이었다고 한다. 무엇 때문일까?

E 이것이 보이면 미국에 도착한 거야!

미국에 도착한 세계 여러 나라의 이주자들은 뉴욕 가까이 있는 '엘리스 아일랜드'라는 섬을 지나야 했다. 그곳에서 이주자들은 몸이 건강한지 아닌지 심사를 받았다. 어떤 사람들은 심사를 통과하지 못해 자기 나라로 돌아가야 했다.

그런데 엘리스 아일랜드에 들어간 이주자들은 어떤 유명한 기념물을 보았을까?

1. 에펠 탑   2. 자유의 여신상   3. 빅벤

F 지원자가 너무 많아!

19세기 말부터 미국 정부는 이주자들을 덜 받아들였다. 어느 나라에서 오느냐에 따라 이주자의 수를 제한했다. 미국으로 이민 오려는 사람들이 지나치게 많아졌기 때문이다. **이렇게 이민 오는 사람들의 수를 어느 정도 넘지 못하게 하는 정책을 뭐라고 할까?**

(   ) 정책

정답

A 셋 다.
B 3. 뉴욕 시, 이탈리아 로마 에스파냐 말라가 쿠바 하바나에 많은 사람들이 살지만, 에스파냐 말라가 쿠바 하바나에서 쿠바 하바나 있다.
C 충남웨
D 뉴욕 정착에 네덜란드 사람들이 많이 왔었다. 그래서 네덜란드의 도시 암스테르담의 이름을 따서 지었다.
E 2. 자유의 여신상
F 쿼터

'두뇌 유출'이란 무엇일까?

가난한 나라에 사는 운동선수, 예술가, 과학자, 기술자 가운데에는 다른 나라에 가서 일하려고 자기 나라를 떠나는 사람들이 많다. 왜 그럴까?

두뇌 유출이란 과학자, 기술자, 운동선수, 예술가처럼 전문 분야에서 높은 수준의 능력을 가진 사람들이 자기 나라를 떠나 외국에 가서 일하는 것을 말한다. 이들은 왜 다른 나라로 떠날까? 그 까닭은 좀 더 나은 조건에서 일하고 더 많은 돈을 벌기 위해서이다.

우리는 자기 나라를 떠나 다른 나라에서 유명해진 예술가나 운동선수를 쉽게 찾아볼 수 있다. 유명한 화가인 파블로 피카소는 에스파냐 사람이지만 프랑스에서 오래 살았다.

이브 몽탕과 시몬 시뇨레는 프랑스에서 노래와 영화로 스타가 되었고 부부가 되어 함께 살았지만, 한 사람은 이탈리아 사람이고 한 사람은 독일 사람이다. 또 프랑스의 유명한 축구 선수인 지네딘 지단은 아버지가 알제리 사람이고 어머니가 프랑스 사람이다. 따라서 지단은 알제리계 프랑스인으로 이민 2세이다.

미국 컴퓨터 세계를 주름잡는 인도 천재들!

하지만 두뇌 유출은 과학자, 컴퓨터 전문가, 의사들에게서 많이 일어난다. 이들은 거의 가난한 나라에서 떠나온 사람들이다. 자기 나라에서는 자기가 배운 일을 제대로 해 나가기 힘들기 때문이다.

때로는 잘사는 나라에서 다른 잘사는 나라로 가는 이주가 이루어지기도 한다.

그런데 이런 두뇌 유출은 가난한 나라로서는 매우 걱정스러운 일이다. 자기 나라에 꼭 있어야 할 전문가를 잃기 때문이다. 예를 들어 아프리카의 나이지리아에는 의사가 모자란다.

> 아프리카 나이지리아에서는 수많은 의사가 미국으로 떠났대.

나이지리아 의사들 가운데 20만 명이 미국으로 가서 일하기 때문이다.

또, 인도에서는 많은 컴퓨터 전문가들이 자기 나라에서 공부를 한 다음 영국, 미국, 캐나다에 가서 일을 하고 있다.

그래서 이주 문제를 담당하고 있는 국제이주기구(IOM, International Organization for Migration)는 전문가들이 몇 년 뒤에는 자기 나라로 돌아가게 하려고 이민을 떠난 나라와 이민을 받은 나라 사이에 협약을 맺도록 하고 있다. 이렇게 하여야 가난한 나라들도 발전할 기회를 가질 수 있다.

 정보+

유학

유학은 자기 나라를 떠나 다른 나라에 머물면서 공부하는 것을 말한다. 우리는 나중에 무슨 일을 할 것인지에 따라 앞으로 어디에서 공부해야 좋을지도 생각해 보아야 한다. 자기 나라에 남아서 공부할 것인지, 아니면, 영국, 독일, 미국 같은 다른 나라로 갈 것인지 생각해야 한다. 이런 나라들은 실제로 여러 나라 학생들이 유학하려고 많이 가는 나라들이다.

네가 할 차례야!

인재의 90퍼센트가 떠나는 나라?

기아나에서는 대학을 나온 사람들 가운데 자그마치 90퍼센트가 자기 나라를 떠나 버린다. 기아나는 도대체 어느 대륙에 있는 나라일까?

1. 아프리카
2. 남아메리카
3. 아시아

뛰어난 재능을 가진 나는 누구?

나는 무척 잘 알려진 화가이다. 나는 내 재능을 높이 산 프랑스 왕의 부름을 받고 조국 이탈리아를 떠났다. 내가 살던 시대인 15~16세기에는 '이주'란 말도 쓰지 않았고, '두뇌 유출'이나 '재능 유출'이란 말도 없었다. 나는 누구일까?

1. 보티첼리
2. 미켈란젤로
3. 레오나르도 다빈치

대단한 두뇌를 가진 나는 누구?

나는 아주 위대한 과학자로 알려져 있다. 나는 독일에서 태어났지만 1933년에 미국으로 옮겨 갔다. 나는 그야말로 '대단한 두뇌'를 가지고 있다고 알려진 사람이다. 나는 누구일까?

1. 마리 퀴리
2. 알베르트 아인슈타인
3. 토머스 에디슨

답은 95쪽에

세계 시민에게 듣는 이주 이야기

외국에서 성공한 이주자들

자기가 태어나고 자란 나라를 떠나 낯선 나라에 가서 재능을 갈고 닦아 놀랄 만큼 성공한 사람들이 있다. 여기 이름난 몇 사람을 만나 보자.

조국의 비극을 노래하는 가수, 코르네유

가수 코르네유의 실제 이름은 코르네유 늉구라이다. 그는 독일에서 태어났다. 코르네유의 부모는 아프리카 르완다 사람들로 독일에서 공부를 했다. 코르네유가 어린 시절을 보내고 음악을 배운 곳은 르완다이다. 그러나 1994년에 르완다에서 끔찍한 학살이 벌어졌고, 그는 자기 나라를 도망쳐 나와야 했다. 부모는 모두 그때 살해되었다.

코르네유는 며칠 동안 걸어서 콩고에 이르렀다. 그런 다음 독일로 갔다. 독일에서는 부모의 친구들이 그를 돌봐 주었다. 음악을 여전히 사랑했던 코르네유는 몇 년 뒤에 캐나다에 가서 노래를 부르게 되었다.

그는 캐나다에서 자신의 이야기를 담은 노래로 성공을 거두었다. 노래 제목은 〈우리는 먼 데서 왔으니까〉이다. 2004년에 코르네유는 캐나다 시민이 되었다.

프랑스 국립묘지에 묻힌 폴란드 여성, 마리 퀴리

유명한 과학자 마리 퀴리는 1867년 폴란드에서 태어났다. 본래 이름은 '마리아 스쿼도프스카'이다. 그녀는 공부하러 파리에 갔다가 피에르 퀴리를 만나 결혼을 했다. 마리 퀴리는 물리학에서 대단한 업적을 쌓아 유명해졌고, 그 업적으로 남편과 함께 노벨상도 탔다. 노벨상은 해마다 그해에 이루어진 가장 위대한 발견이나 업적을 기리려고 주는 상이다.

마리 퀴리는 여자로서는 유일하게 프랑스의 팡테옹에 묻히는 영광을 누렸다. 파리에 있는 이 웅장한 기념물은 프랑스를 위하여 크나큰 공을 세운 사람들이 묻히는 국립묘지이다.

영화계의 유명한 방랑자, 찰리 채플린

영화계에서 가장 유명한 방랑자인 찰리 채플린은 1889년에 영국 런던의 가난한 동네에서 태어났다. 부모는 예술가였으며, 찰리는 아주 어린 나이에 연극을 시작했다. 17살이 되었을 때 미국 순회공연을 떠났는데, 찰리는 미국에 그냥 남았다. 그리고 얼마 뒤에 그는 미국 영화계에서 아주 유명해졌다. 영화 속에서 찰리 채플린은 엄청나게 헐렁한 바지를 입고 오리처럼 뒤뚱거리며 우스꽝스럽게 걸으면서 불쌍한 이주자 역할을 하거나 황금을 좇는 사람을 연기했다.

찰리 채플린은 영국 국적을 가진 채 미국에서 40년쯤 살았다. 그는 나중에 유럽으로 돌아갔지만 영국이 아닌 스위스에서 삶을 마쳤다.

다른 나라로 가는 길은 **쉬울까**?

다른 나라에 가서 살거나 일하려고 할 때 그저 가방을 싸서 공항이나 항구로 나가 떠나기만 하면 될까? 아니면 영화관이나 놀이공원에서처럼 '입장권'을 사야 할까?

　사람들은 점점 더 빠르고 쉽게 지구 곳곳을 오가고 있다. 그렇다고 국경이 사라진 것은 아니다. 다른 나라로 여행을 가거나 옮겨 가서 살려면 그 나라에서 내어 주는 허가 증명서를 받아야 한다. 이것은 말하자면 입장권 같은 것이다.

　그렇다면 이 입장권은 어떻게 얻을 수 있을까? 입장권을 주는 원칙은 나라마다 다르다. 때로는 그 원칙이 좀 이해하기 힘들기도 하다. 왜 그럴까?

　세계 여러 나라의 정부는 자기 나라의 이념이나 역사, 경제 상황에 따라 원칙을 세우기 때문이다. 자기 나라 사람들이 일자리를 얻지 못해 어렵게 지낸다면 다른 나라에서 이주해 오려는 사람들을 쉽게 받아들이지 않는다. 하지만 일손이 필요할 때에는 문을 활짝 열기도 한다.

어떤 나라는 해마다 자기 나라로 들어올 수 있는 외국인 수를 정한다. 미국, 캐나다, 그리고 유럽의 몇몇 나라들이 그렇게 하고 있다. 이민 오는 사람을 알맞게 거르는 방법으로 심사를 거치게 하기도 한다. 심사는 간단하게 건강 검진으로 끝날 수도 있지만, 때로는 여러 가지 복잡한 과정을 거쳐야 한다.

미국에서는 이민 오려는 사람들에게 '미국의 첫 번째 대통령이 누구인가?' 같은 미국 역사를 묻는다. 이민 오려는 사람들이 자기 나라에서 제대로 된 일자리를 가질 수 있는지, 또는 자기 나라에서 쓰는 말을 할 줄 아는지 묻기도 한다. 이를테면 캐나다에서도 프랑스 말을 쓰는 퀘벡에서는 프랑스 사람들의 이민을 더 쉽게 받아들인다.

때로는 종교가 이민을 쉽게 해 준다. 이스라엘 정부는 유대교를 믿는 사람이면 어느 나라 사람인지 따지지 않고 자기 나라에서 살 수 있게 한다. 거꾸로 자기가 가진 종교나 자기가 속한 나라 때문에 이민이 이루어지지 않기도 한다. 그래서 이스라엘 사람은 사우디아라비아에 들어갈 수가 없다. 두 나라가 오래전부터 종교를 두고 서로 사이가 나쁘기 때문이다.

사랑 때문에 이주할 수 있다고!

그런데 우리가 사는 이 세계가 언제나 남의 나라 사람들에게 까다롭게 구는 것은 아니다. 이따금 너그러워지기도 한다! 수많은 나라가 사랑하는 사람을 따라 이주하는 것을 허락한다.

어느 나라 사람이든 미국 사람과 결혼을 하면 미국에서 살 권리를 갖는다. 또 프랑스 사람과 결혼을 하면 프랑스에서 살 권리를 갖는다. 하지만 누군가를 이민시키려고 거짓으로 결혼을 하는 일도 많다. 물론 이것은 법으로 금지되어 있다.

 정보+

솅겐 공간이란 무엇일까?

유럽에 있는 벨기에, 프랑스, 독일(그때는 서독), 룩셈부르크, 네덜란드, 이 다섯 나라가 1985년에 자기 나라 국민들이 이들 나라 사이에서는 서로 자유롭게 오고 갈 수 있도록 결정했다. 그래서 이들 나라 사람들은 룩셈부르크의 작은 도시인 솅겐에서 여권 심사 없이 자유롭게 오고 갈 수 있게 되었다. 국경 없는 이곳을 '솅겐 공간'이라고 하는데, 유럽의 다른 나라들도 하나하나 이 공동 공간에 들어가고 있다. 솅겐 공간 밖에 사는 사람은 이 나라 가운데 한 나라에서 비자를 받으면 솅겐 공간의 다른 나라에도 갈 수 있다.

네가 할 차례야!

솅겐 공간인가 아닌가?

유럽 지도를 보고 솅겐 공간에 들어가지 않은 나라를 찾아보기로 하자. 솅겐 공간은 노란색으로 표시되어 있다.

1. 이탈리아   2. 에스파냐   3. 아일랜드

맞을까 틀릴까?

미국에서는 추첨으로 이민자를 뽑기도 한다.

답은 95쪽에

아하, 그렇구나!

여권 좀 보여 주세요!

이주를 하려면 여권이나 비자 같은 여러 가지 서류를 제대로 갖추어야 한다. 다음에 나오는 서류들을 하나씩 살펴보자.

문제 1

A
다른 나라에 갈 때 여권과 함께 필요한 것은 나다. 나는 이민을 할 권리를 주지는 못하지만 길거나 짧게 여행을 하거나 머물 수 있게 해 준다.

정답

C 는 미국의 영주권
B 는 푸에르토 리코 여권
A 는 여행 비자

B

나는 10년간 효력을 갖는다. 나를 가진 사람은 프랑스 땅 어디에서든 일할 수 있다. 나를 얻기는 좀처럼 쉽지 않지만 방법은 여러 가지가 있다. 예를 들어 프랑스에서 15년을 살면 얻을 수 있다.

C

나를 갖고 있으면 미국에서 일할 수도 있고 살 수도 있다. 그 때문에 나를 얻으려고 세계의 수많은 이주자들이 그토록 애를 쓰나 보다!

문제 2

네덜란드에서 이민자에게 묻는 몇 가지 질문

유럽 여러 나라에서는 자기 나라에 이민 오려는 사람들에게 시험을 치르게 한다. 이민 오려는 사람들이 자신들이 앞으로 살게 될 나라를 얼마나 잘 아는지 알아보려는 것이다. 아래에 네덜란드에서 살고자 하는 사람들에게 묻는 질문 몇 가지가 있다. 부모님과 함께 재미 삼아 풀어 보자.

1. '네덜란드'란 무슨 뜻일까?
2. 네덜란드에는 왜 자전거가 많을까?
3. 노인들은 자기 자식과 함께 살까?
4. 네덜란드에는 왜 풍차가 많을까?
5. 종교는 하나일까, 아니면 여럿일까?

정답

1. 네덜란드는 '땅이 낮은 나라'라는 뜻이다.
2. 네덜란드는 국토가 자전거를 많이 타기에 알맞아서 자전거 타기에 응달이 때문이다.
3. 노인들이 늘 자식과 함께 사는 것은 아니다.
4. 네덜란드는 바다보다 낮은 곳이 많아 물을 빼기 위해 풍차가 필요했다.
5. 네덜란드에는 여러 종교가 있다.

낯선 땅, 더불어 사는 삶

　이주자들은 새로운 터전에서 저마다 다른 모험을 겪는다. 어떤 사람은 이주한 나라에서 환영을 받는가 하면, 또 어떤 사람은 하루하루를 힘들게 보낸다. 어떤 사람은 이주한 나라에서 새로운 삶을 열고, 또 어떤 사람은 불법 체류자로 숨죽이며 살아간다. 하지만 한 가지만은 분명하다. 나라마다 이주자이든 아니든 그 나라에 사는 모든 사람들이 함께 잘살 수 있도록 노력해야 한다는 것이다.

　앞으로 인구는 계속 늘어날 것이고, 사람들은 세계 곳곳으로 계속 나아갈 것이다. 어쩌면 이제까지와는 다르게 새로운 길을 선택하는 또 다른 이주가 나타날지도 모른다.

다른 나라로 이민 갔던 사람들이 다시 자기 나라로 돌아올까?

이주자의 아이도 여전히 이주자일까?

망명객이란 어떤 사람일까?

속인주의와 속지주의는 무슨 뜻일까?

'뉴토피아'라는 나라는 어디에 있나?

2050년에는 지구의 인구가 얼마나 될까?

다른 행성에 가서 살 수 있을까?

나라가 없는 사람도 있을까?

오래전부터 떠돌이 생활을 해 온 사람들은 누구일까?

불법 체류자는 어떤 사람일까?

가난, 전쟁, 자연재해 같은 여러 가지 이유로 자기가 살아온 곳이나 나라를 떠나는 사람들이 있다. 이들 가운데 대부분이 이주 허가 증명서를 받지 않은 채 다른 나라에 몰래 들어간다.

이주 허가 증명서를 받지 않고 다른 나라로 이주하는 사람들을 '불법 체류자' 또는 '밀입국자'라고 한다. 자기 나라에서 살아가기가 몹시 힘들어져서 하루빨리 다른 나라로 가려고 하는 사람들은 이주 허가 증명서를 받는 데에 걸리는 시간을 기다릴 수조차 없다. 그래서 법을 어기면서까지 위험을 무릅쓰고 이주를 한다.

하지만 이들은 다른 나라로 몰래 가려고 아주 비싼 대가를 치른다. 이들은 국경을 넘어갈 수 있도록 도와주는 사람들에게 엄청나게 많은 돈을 주어야 한다.

이렇게 해서 가고 싶었던 나라에 들어간 밀입국자는 일자리를 찾

가난과 전쟁에서 벗어나려고 떠나는 거야!

기도 한다. 하지만 나라마다 밀입국자를 직원으로 쓰는 것은 법을 어기는 일로 정해 놓았다. 따라서 밀입국자는 제대로 된 일자리를 얻을 수도 없고, 일자리를 얻더라도 일터에서 아무런 안전 보장도 받지 못한 채 숨죽여 일한다. 그러다가 붙들려 자기 나라로 돌려보내지는 밀입국자도 많다. 그러는 가운데 불법으로 들어온 이민자들에게 그냥 머물러 살도록 허가해 주는 일도 이따금 있다.

전쟁이나 정치 체제 때문에 자기 나라를 떠나는 사람들도 있다. 실제로 자신의 생각이나 종교 때문에 정부로부터 위협을 받는 사람들이 있다. 이런 사람들은 할 수 없이 자기 나라를 떠나 머물 곳을 찾는다. 이들을 '망명자' 또는 '강제 이주자', '정치 이주자'라고 한다. 오늘날 이런 사람들은 전 세계에 4000만 명쯤 있다. 망명자들은 사람들

이 바글거리는 수용소에서 지내기도 한다.

1951년부터 국제연합(UN)은 망명자를 보호하기로 하여, 어떤 나라도 망명자를 추방해서 그들을 위협하는 곳으로 보내서는 안 된다고 결정했다. 망명하려는 사람들이 가장 가고 싶어 하는 나라는 미국이고, 그 다음이 프랑스, 독일, 캐나다이다. 하지만 망명자가 어느 나라에 가고 싶다고 말해도 그것이 곧바로 받아들여지는 것은 아니다.

자연재해나 기후 변화 때문에 할 수 없이 자기가 살던 곳이나 나라를 떠나야 하는 사람들도 있다. 홍수, 지진, 기근, 전염병이 일어나 수많은 사람들이 죽거나 삶의 터전이 망가지면 이주할 수밖에 없다.

엄청난 코요테 값

아메리카 대륙을 가로지르는 리오그란데 강은 멕시코와 미국 사이에 흐르는 기다란 강이다. 많은 멕시코 사람들이 리오그란데 강을 건너 몰래 미국으로 들어간다. 이들 밀입국자에게 돈을 받고 국경을 넘도록 도와주는 사람들을 '코요테'라고 한다. 밀입국자들이 코요테에게 내야 하는 돈은 엄청나다.

네가 할 차례야!

망명자가 가장 많은 대륙은?

수단, 앙골라, 소말리아, 르완다, 부룬디에서는 엄청나게 많은 망명자들이 다른 나라로 떠나고 있다. 이 나라들은 어느 대륙에 있을까?

맞을까 틀릴까?

전 세계 망명자의 반이 여성과 어린이이다.

답은 96쪽에

세계 시민에게 듣는 **이주 이야기**

전쟁과 가난 때문에 떠난 사람들

망명했거나 국적이 없거나 가족과 헤어진 친구들이 자신들이 겪는 고되고 슬픈 이야기를 우리에게 들려준다.

돈을 벌러 미국으로 떠난 어머니

내 이름 치네두는 '신의 사랑을 받는'이라는 뜻이래. 나는 아버지, 할아버지, 할머니와 함께 나이지리아 소코토에 살고 있어. 어머니는 3년 전에 돈을 벌려고 미국으로 떠났어.

어머니는 지금 미국의 어느 집에서 요리사로 일하고 있어. 주인 아주머니는 나이지리아 음식을 좋아한대. 그래서 이따금 친구들을 불러 어머니가 만든 나이지리아 음식을 함께 즐긴다는구나.

우리는 전화나 이메일로 어머니 소식을 자주 들어. 어머니는 번 돈을 우리에게 보내 주셔. 어머니는 한동안 미국에 있어야 한대. 어머니는 불법으로 그곳에서 살고 있어서 한번 미국을 떠나면 다시 가기가 어렵기 때문이야.

내가 열여덟 살이 되면 미국에 갈 거야. 어머니와 함께 살면서 그곳에서 공부하고 싶어.

치네두
나이 : 13살
도시 : 나이지리아의 소코토

전쟁과 질병을 피해 떠난 멀고도 힘든 길

나는 소말리아에서 태어났어. 내가 어렸을 때 부모님은 전쟁과 질병을 피해 떠나고 싶다고 자주 말했어. 내가 여덟 살이 되었을 때 우리 가족은 소말리아를 떠났어. 아프리카의 여러 나라를 지나 지중해를 건너는 아주 긴 여행이었지. 고생 끝에 우리는 이탈리아에 들어올 수 있었단다. 하지만 그 뒤에 이탈리아에 온 소말리아 사람들은 붙들려서 다시 소말리아로 돌려보내지는 일이 많았어.

마리암
나이 : 12살
도시 : 이탈리아의 로마

내게는 나라가 없어!

나는 토르바에잠에서 태어났어. 토르바에잠은 도시가 아니라 이란에서 가장 큰 망명자 수용소야. 이곳에서 태어난 것은 그렇게 기쁜 일은 아니야. 우리는 다행히 천막에서 살지 않고 집에서 살아. 축구를 할 수 있는 조그만 운동장과 공원이 있지.

여기에 사는 다른 사람들과 마찬가지로 나는 아프가니스탄 사람도 아니고 이란 사람도 아니야. 어느 나라도 우리를 자기네 국민으로 인정해 주지 않기 때문이야. 그래서 내게는 나라가 없어. 나라가 없는 사람을 '무국적자'라고 한대. 하지만 어머니는 우리가 아프가니스탄에 있는 집으로 돌아가면 국적을 다시 갖게 되어 아프가니스탄 국민이 될 거래.

슈크리아
나이 : 9살
도시 : 이란에 있는 아프가니스탄 망명자 수용소

이주자는 어떤 어려움을 겪을까?

집이나 나라를 떠나서, 또는 가족이나 친구들과 헤어져 새로운 세계에 가서 낯선 말을 배우며 사는 이주자들에게는 어쩔 수 없이 밟아야 할 몇 가지 어려운 단계가 있다.

태어나고 자란 나라를 떠나 부모님과 함께 다른 나라에 가서 살게 되면 모든 것이 낯설고 새로울 것이다. 집, 언어, 음식, 날씨, 친구, 이 모든 것에 익숙해지려면 시간이 꽤 걸릴 것이다.

여러분 같은 아이들은 먼저 학교에 가는 것이 좋다. 아이들은 학교에서 새로운 나라의 언어와 규칙, 역사, 문화 같은 것을 하나하나 알아 나가게 된다. 학교는 친구를 사귀고, 여러 사람과 어울려 사는 법을 배우기에 가장 훌륭한 곳이다.

또한 어른 이주자에게도 강의 시간을 만들어 그 나라 말을 배울 수 있도록 도와주는 나라도 있다.

　새로운 세계에 적응하기 위한 방법 가운데 어른들에게 가장 좋은 방법은 일을 하는 것이다. 하지만 일자리를 구하는 것이 그리 쉽지는 않다. 다른 나라에서 왔다는 것 때문에 이주자들은 일자리 찾기가 훨씬 더 어렵다.

그 밖에도 여러 가지 어려움을 겪는다. 가장 큰 어려움은 집을 얻는 것이다. 일자리가 없으면 벌어들이는 돈이 없고, 그러면 집을 얻기가 어렵다. 그리고 집이 없으면 일자리를 찾기가 더욱 어렵고, 사회에서 어울려 살아 나가기도 어렵다. 이렇게 힘든 일이 되풀이되어 어려운 형편을 벗어나기가 더욱 쉽지 않다.

이주자가 겪는 또 다른 어려움은 아주 다른 두 문화가 만나면서 생기기도 한다. 다른 나라에 이주하더라도 사람들은 몸에 밴 습관, 옷차림, 종교 같은 것을 그대로 간직하는데, 때로는 그 나라 사람들이 이것을 좋지 않게 볼 수 있다.

사람들은 자기 나라에 이민 온 사람들이 보여 주는 낯선 습관이나 옷차림에 두려움을 느끼기도 하는데, 이런 두려움은 싫다는 생각과 함께 인종 차별주의로 바뀐다. 이렇게 되면 이주자들이 위협을 받고 피해를 볼 수 있다. 아울러 부모가 이민을 와서 낳은 아이들까지도 피해를 볼 수 있다.

이주해 온 아이들이 새로운 사회에 적응하려면 학교에 가는 게 최고야!

유럽을 떠도는 집시

유럽에서는 집시를 여러 이름으로 불러 왔다. '찌간', '보헤미안', '로마니셸' 따위로 부르는데, 집시는 스스로를 사람을 뜻하는 '롬'이라고 한다. 집시는 인도에서 출발하여 루마니아, 헝가리를 거쳐 유럽 여러 나라로 흩어졌다. 오늘날 유럽 대륙에는 집시가 800만~1200만 명 정도 있다. 그들은 인도를 떠난 지 1000년이 넘었지만 지금까지도 계속 떠돌아다니며 산다.

네가 할 차례야!

집시는 무슨 일을 했을까?

유럽에서 오랜 세월 떠돌이 생활을 했던 집시들은 주로 무슨 일을 했을까? 다음에서 집시들이 주로 했던 일 하나를 골라 보자.

1. 교사   2. 의사   3. 가수

내가 살던 나라는 어디일까?

나는 지금 한국에 이주해서 살고 있다. 내가 우리나라에서 살 때는 '포(pho)'라는 쌀국수를 즐겨 먹었다. 이곳 한국 사람들도 포를 비롯한 우리나라 음식을 즐겨 먹는다. 내가 살던 나라는?

1. 필리핀   2. 몽골   3. 베트남

답은 96쪽에

아하, 그렇구나!

이주자를 도우려면 이렇게!

세계 여러 나라는 이주자들이 새로운 사회에서 잘 살아갈 수 있도록 여러 가지 해결책을 찾고 있다.

A 이주자를 돕기 위한 전화 안내 방송

이주자들의 일상생활을 돕기 위하여 여러 나라 말로 하는 서비스를 마련한다. 예를 들어 이스라엘에서는 러시아에서 온 이민자들이 잘 적응하도록 러시아 말로 전화 안내 방송을 한다.

B 이주자가 연기자로 나오는 텔레비전 드라마

이주자나 이주자의 아이들이 텔레비전 프로그램에 점점 더 자주 나온다. 우리가 텔레비전에서 보는 것은 지금 사회에서 일어나는 일을 그대로 나타낸 것이다. 미국에서는 라틴아메리카에서 온 사람들이 많아지자 텔레비전 드라마에 라틴계 이주자들을 등장시키고 있다. 라틴계 이주자들도 텔레비전에서 자기 민족을 보고 싶어 하기 때문이다.

C 이주 어린이를 위한 모국어 수업

부모를 따라 이주한 아이들이 급격한 변화에 쉽게 적응하도록 학교에서 그들이 써 왔던 모국어로 수업을 하기도 한다. 일본에서는 이주자 아이들을 위해 '즐거운 세상'이라는 중학교를 세웠다. 이 학교에서는 특히 남아메리카에서 온 아이들을 받아들여, 에스파냐 말과 포르투갈 말로 수업을 한다.

D 이주자를 위한 사회 통합 강좌

이주자들이 새로 살게 된 나라를 더 잘 이해하도록 돕기 위해 언어, 역사, 문화를 가르치는 강좌를 열기도 한다. 예를 들어 독일에서는 이주자들에게 600시간 동안 독일 말과 역사와 문화를 가르치는 교육을 한다.

이주가 **세계**를
더욱 **잘 살게** 만들까?

이주는 세계 여러 나라의 문화와 전통을 서로 섞어 세상을 더욱 풍요롭게 할 수 있다.

이주자들이 새로운 나라에서 어려움을 겪는 일이 많지만, 그래도 여러 나라 사람들의 '만남'은 세계 곳곳의 주민들을 서로 잘 알게 해 준다. 이주 덕분에 우리는 오늘날 세계 여러 나라의 말, 음악, 음식, 옷차림을 쉽게 만날 수 있다. 그것은 누구라도 다른 나라로 갈 때에 자기 몸에 밴 문화를 함께 갖고 떠나기 때문이다.

또 이주자들은 대부분 이주한 나라의 말을 배우지만 자기들끼리는 모국어로 이야기하는 일이 많다. 그래서 미국의 뉴욕처럼 국제적인 도시에서는 몇백 개의 서로 다른 나라 말을 들을 수 있다고 한다. 유럽연합의 많은 나라에서는 이주자들 덕분에 중국어, 한국어, 아랍어

누구라도 외국에 갈 때에 자기 몸에 밴 문화를 갖고 떠난다고!

와 같은 아주 먼 데서 온 말을 배울 수 있다.

세계 어디에서나 문화는 서로 섞인다. 이스라엘에서는 유명한 극장에서 러시아 말로만 연극을 올린다. 이 극장은 '다리'라는 뜻의 이름을 가지고 있다. 왜냐하면 이 극장은 매우 다른 두 세계인 이스라엘과 러시아를 이어 주는 다리 노릇을 하기 때문이다.

중국 사람들은 세계 어디에 살거나 음력 설 축제를 벌인다. 그래서 설이 되면 세계 곳곳에서 어마어마하게 큰 용들이 거리를 누비는 모습을 쉽게 볼 수 있다.

음식도 마찬가지이다. 세계 여러 나라의 대도시에서는 다른 나라에서 온 갖가지 음식과 향신료를 흔히 볼 수 있다. 이주자들은 자기가 태어난 나라를 떠올리게 하는 음식을 만들며, 이런 음식에 들어가는 재료를 들여온다. 대도시에 살고 있다면 지금 당장 재료를 사서 인도 음식이나 중국 음식, 태국 음식을 직접 해 먹을 수 있을 것이다. 이탈리아의 피자나 터키의 케밥을 좋아한다면 집에서 그리 멀지 않은 곳에서 사 먹을 수도 있다.

하지만 그게 다는 아니다! 이주 덕분에 해마다 우리 돈으로 약 140조 원이 잘사는 나라에서 가난한 나라로 흘러들어 간다. 이주자들이 이 어마어마한 돈을 자기들이 떠나온 나라에 살고 있는 가족에게 보내는 것이다. 이 돈으로 아이들은 학교에 가고, 아픈 사람은 병원에

간다.

자기 나라에 돈을 가장 많이 보내는 이민자는 미국에서 일하는 멕시코 사람들이다. 그 다음이 유럽과 미국에 사는 인도 사람들, 그리고 주로 아랍 국가에서 일하는 필리핀 사람들이다. 이 돈은 참 중요하다. 왜냐하면 이 돈 덕분에 개발도상국이 좀 더 잘살게 되고, 잘사는 나라와 가난한 나라 사이의 차이가 줄어들 수 있으니까.

정보+

소꼬리 수프의 국적은?

소꼬리로 만드는 이 수프는 아주 유명한 영국 음식이다. 하지만 소꼬리 수프는 18세기에 '위그노'라고 하는 프랑스 이주자들이 영국으로 갖고 들어간 음식에서 비롯되었다. 위그노는 프랑스에서 개신교를 믿던 사람들로, 개신교를 믿는다는 이유로 박해를 받자 이를 피해 프랑스를 떠나 여러 나라로 가야 했다.

미국 문화를 일군 유대인 이주자들

19세기 말에 많은 유대인 이주자들이 세계에서 가장 유명한 영화 산업을 만들어 냈다. 당시 유대인 이주자들은 유럽에서 미국으로 건너가 새로 배운 영어로 뉴욕 한가운데에 있는 브로드웨이의 여러 극장에서 연극을 비롯한 갖가지 공연물을 올렸다. 그곳이 바로 오늘날 유명한 할리우드이다.

네가 할 차례야!

아프리카를 물들이는 화려한 색깔의 이 옷은?

아프리카 여성들이 주로 입는 옷은 화려한 색깔의 긴 옷이다. 아프리카의 전통 의상인 이 옷은 무엇일까?

1. 기모노
2. 부부
3. 파레오

미국 돈은 어느 것일까?

자기 나라로 돈을 가장 많이 보내는 이주자는 미국에 온 사람들이다. 다음 중 미국 돈은 어느 것일까?

1.
2.
3.

답은 96쪽에

아하, 그렇구나!

이주를 떠나는 가방 속 구경

이주를 가려는 사람들이 짐을 쌌다. 가방 속을 들여다보면 그들이 어느 나라에서 왔는지, 또 어느 나라로 갈 것인지 알 수 있다. 실마리를 도움 삼아 맞혀 보자.

1

실마리

유럽에서 이주자를 가장 많이 받는 나라이다.

2

실마리

1948년에 세워진 뒤, 유대교를 믿는 사람들에게 문을 활짝 열어 놓은 나라이다.

실마리 3

북아메리카에 있는 큰 나라이다. 기술자나 컴퓨터 전문가를 이민자로 많이 받아들인다.

실마리 4

섬나라로, 오스트레일리아가 그리 멀지 않은 곳에 있다.

실마리 5

유럽에서 두 번째로 이주자들이 많이 찾는 나라이다.

정답

① 방글라데시 타고기 타밀어 등을 쓰는 사람들의 나라이다. 인도와 국경을 맞대고 있고 많은 사람이 힌두교를 믿어 인도와 비슷한 점이 많다. 타지마할, 타지, 구자라트, 그리고 수많은 종교 등 볼거리가 많은 나라 중 하나이다.

② 이스라엘로 가는 사람이 많다. 유대인 사람들이 1980 년대 러시아에서 이주해 왔다. 과거 박해에 시달리다가 나라를 세워 사는 사람들이다. 밤에 유대교를 믿고 있다. 이스라엘에 사라 많은 사람들이 이주해 살고 있다.

③ 캐나다로 가는 사람이 많다. 캐나다는 북쪽에 있는 넓은 나라이다. 이곳에 가서 좋은 직업을 얻고 돈을 벌려고 하는 사람들이 많다.

④ 뉴질랜드로 가는 사람이 많다. 필리핀 사람들이 이 섬나라로 옮겨가서 살고 있다. 필리핀 말과 영어(마오리 말)를 같이 쓴다. 고기잡이와 목축업, 낙농업이 발달해 있으며 살기 좋은 나라 중 하나이다.

⑤ 프랑스로 가는 사람이 많다. 아이보리코스트 등 프랑스의 식민지였던 아프리카 나라 사람들이 많이 이주해 산다. 수도인 파리는 유행과 문화의 중심지로 여러 인종이 모여 사는 곳이다.

영원히 이주자로 남는 걸까?

다른 나라에 살면 얼마나 오랫동안 이주자로 남는 걸까? 이주자의 자손이 그 나라에서 태어났는데, 어떻게 해야 그들이 외국인으로 여겨지지 않을까?

이주자는 새로 살게 된 나라 사람들한테 매우 다른 사람으로 여겨지기 쉽다. 이주자들은 피부색도 다르고, 언어도 다르고, 종교도 다르다. 하지만 그렇다고 해서 이주자들이 자신들이 지켜 왔던 규칙에 맞춰 사는 것을 함부로 방해해서는 안 된다.

미국 사람들은 아주 멋진 생각을 해냈다. 그것은 바로 '샐러드 볼(salad bowl)'이다.

아주 다양한 재료로 이루어진 샐러드를 보자. 피망, 토마토, 오이, 올리브 같은 여러 가지 재료들이 제 맛과 색깔을 지니면서 한데 어우러져 있다. 여러 재료가 섞여 맛이 매우 새로우면서 상큼한 샐러드를 담아 놓은 그릇, 이것이 샐러드 볼이다. '다문화 사회'란 그런 모습일 것이다.

이주자들 가운데에는 자신을 받아들인 나라의 사람과 결혼을 하기도 한다. 또 이주자의 아이들은 자라면서 자신이 살고 있는 나라의 언어로 말하고, 때로는 부모가 본디 어느 나라 사람인지 잘 모르기도 한다. 그런데도 이주자의 자식이나 손자가 외국인으로 여겨지는 일이 있다. 그들이 일자리를 찾거나 살 집을 찾을 때 이주자의 자손이거나 이름이 색다르다는 이유로 푸대접을 받기도 한다. 이것을 '인종 차별'이라고 한다.

우리가 샐러드 그릇 속에서 산다고?

그런가 하면 나라마다 이주자들이 새로운 사회에 잘 적응하도록 도와주는 단체가 있다. 이런 단체들이 앞장서 인종 차별에 맞서 싸운다. 이들은 여러 가지 좋은 생각을 내놓기도 한다.

예를 들어 프랑스의 몇몇 학교는 이민을 많이 떠나는 가난한 나라의 학생들을 일정한 수만큼 받아들여 알맞은 직업을 얻을 수 있도록 교육해 준다.

또 20여 년 전부터 유럽 여러 나라는 이주자 아이들이 사회에 잘 적응하게 하려고 부모가 외국인이라 하더라도 그 나라 땅에서 태어난 아이들에게 국적을 더 쉽게 내어 주고 있다. 이처럼 세계 여러 나라는 '차별 금지 정책'을 두어 이주자들이 더는 차별을 받지 않고 사회에 잘 적응하도록 돕고 있다.

난 벨기에에서 태어났어. 부모님은 보스니아 사람들이지만 난 벨기에 국적을 얻게 돼!

 정보+

대한민국 국민이 되려면

어떤 나라들은 자기네 영토에서 태어난 사람들 모두에게 국적을 준다. 그것을 '속지주의'라고 한다. 또 어떤 나라들은 부모가 그 나라 사람이어야만 국적을 준다. 그것을 '속인주의'라고 한다. 대한민국은 어느 규칙을 따를까?

- 부모 중 적어도 한 사람이 한국인인 경우에는 출생지와 상관없이 대한민국 국민이 된다(속인주의).
- 부모가 모두 분명하지 않거나 국적이 없을 때, 한국에서 태어난 사람의 경우에 대한민국 국민으로 인정한다.
- 외국인이 귀화하여 한국 국적을 얻으면 대한민국 국민이 된다.

네가 할 차례야!

여러 재료가 한데 섞인 이것!

미국에서는 여러 나라 사람들이 한데 어우러져 사는 사회를 가리켜 무엇이라고 말할까?

1. 샐러드 볼
2. 불고기 햄버거
3. 바게트 샌드위치

맞을까 틀릴까?

이주자들은 언젠가는 자신들의 나라로 돌아간다.

소피아의 국적은?

소피아는 열세 살이다. 부모가 모로코 사람들이지만 소피아는 프랑스에서 태어났다. 그렇다면 소피아의 국적은?

1. 중국
2. 프랑스
3. 모로코

답은 96쪽에

세계 시민에게 듣는 이주 이야기

우리는 지구촌 이웃!

우리는 끊임없이 움직이는 행성, 지구에 살고 있다. 서로 멀리 살아도 우리는 어느 날 이웃이 될 수 있다. 이주를 했거나 이주를 앞둔 친구들이 자기들의 희망을 들려준다.

내 나라는 여기야!

할아버지는 40년 전에 아프리카의 말리라는 나라에서 프랑스로 왔어. 외할아버지는 프랑스에서 두 아이를 두었는데, 외삼촌 이브라힘과 우리 어머니 아미나타이지.

어머니처럼 나도 프랑스에서 태어났어. 게다가 나는 프랑스 국적을 갖고 있어. 그런데도 나는 친구들에게서 아프리카로 돌아가라는 소리를 들은 적이 있단다. 프랑스가 내 나라인데! 난 언제까지나 프랑스에서 학교에 다니고, 친구들과 함께 즐겁게 놀고 싶어.

무사

나이 : 10살
도시 : 프랑스의 수도 파리

알리사

나이 : 11살
도시 : 벨기에의 겐트

나는 곧 벨기에 사람이 될 거야

나는 벨기에에서 태어났지만, 우리 가족은 보스니아에서 왔어.

부모님과 오빠는 전쟁 때문에 보스니아를 떠났대. 우리 가족이 살았던 보스니아의 모스타르는 전쟁으로 여기저기 파괴되었다고 해. 그래서 우리 가족은 벨기에의 겐트로 망명을 했어.

겐트에는 세르비아 친구들, 크로아티아 친구들, 코소보 친구들이 있어. 우리끼리는 플라망어로 이야기를 해. 벨기에에는 프랑스어와 플라망어, 이렇게 두 개의 공용어가 있단다.

나는 벨기에에서 태어났기 때문에 벨기에 국적을 얻을 수 있어. 아마도 나는 보스니아에서 태어난 오빠보다 더 쉽게 벨기에 국적을 얻을 거야. 나는 모스타르에 가 본 적이 없지만 언젠가 꼭 가 볼 테야.

당신은 어느 나라에서 왔나요?

나는 오스트레일리아의 시드니에 살아. 시드니에서는 세계 여러 나라 사람들을 쉽게 만날 수 있어. 중국, 인도, 한국, 그리스, 이탈리아 같은 여러 나라에서 온 사람들이 살고 있으니까. 그래서 시드니에 사는 사람들은 낯선 사람을 만나면 맨 먼저 묻는 말이 '당신은 어느 나라에서 왔습니까?'란다.

학교에서는 다른 나라에서 온 사람들의 문화에 점점 더 많은 관심을 가져. 같은 반 친구 제시카는 세계 여러 나라의 음식을 조사하여 발표했어. 시드니에서는 다른 나라의 음식을 쉽게 먹어 볼 수 있지.

우리는 애버리진의 문화에도 관심이 많아. 애버리진은 영국에서 건너온 식민지 개척자들보다 더 먼저 오스트레일리아에 살았던 사람들이야. 나는 오스트레일리아에 사는 모든 사람들이 줄곧 다 함께 잘 살았으면 좋겠어.

사라

나이 : 10살
도시 : 오스트레일리아의 시드니

'하얀 도시'로 출발!

몇 달만 지나면 나는 '하얀 도시'로 갈 거야. '하얀 도시'는 포르투갈 수도인 리스본의 별명이야. 난 리스본에 가는 생각만 해도 가슴이 두근거려. 왜냐하면 나는 지금 브라질의 리우데자네이루에 살고 있고, 리스본은 브라질이 아니라 포르투갈에 있는 도시이니까.

내가 태어난 곳도 리스본이야. 부모님은 포르투갈 사람들인데, 젊었을 때 브라질로 왔대. 하지만 부모님은 리스본이 리우데자네이루보다 평화롭다고 말씀하셔. 리우데자네이루가 별로 안전하지 않대. 나는 리스본에 가도 말을 새로 배울 필요가 없어. 브라질에서도 포르투갈어를 쓰기 때문이야.

더욱 신나는 일은 리스본에 가면 동갑내기 사촌 티아고를 만날 수 있다는 거지. 티아고는 내게 자기 친구들을 소개해 준다고 했어. 티아고 친구들은 세계 여러 나라에서 온 아이들이야. 언젠가 모잠비크에서 살다 온 데자미라, 앙골라에서 온 덩치 큰 호세, 카보베르데에서 온 마리오 이야기를 들려주었어. 옛날에 모잠비크, 앙골라, 카보베르데는 모두 포르투갈의 식민지였대.

카를로스
나이 : 12살
도시 : 브라질의 리우데자네이루

12 앞으로는 어디로 이주할까?

10년 뒤, 20년 뒤, 또는 50년 뒤에는 사람들이 이주하는 길이 많이 바뀔 것이다. 어떤 새로운 길과 새로운 모험이 우리를 기다리고 있을까?

90억 명! 이것은 2050년 지구의 예상 인구이다. 지구에 사람이 더 많아진다면 이주도 점점 더 많아질 것이다.

수백만 명에 이르는 사람들이 가난한 나라를 떠나 더 잘사는 나라로 가게 될 것이다. 어떤 사람들은 일자리를 찾거나 더 나은 생활환경에서 살려고 시골을 떠나 도시로 갈 것이다. 오늘날 지구에 사는 사람들의 반쯤이 도시에 살고 있다. 2050년에는 3분의 2가 도시에서 살게 될 것이다!

하지만 늘어나는 인구만이 이주를 부추기는 것은 아니다. 앞으로 몇 년 뒤에는 많은 사람들이 지구의 기후 변화와 온난화 때문에 이주해야 할 것이다. 예를 들어 인도 옆에 있는 방글라데시에서는 수백만 명이 물난리를 겪고 있다. 그 사람들은 방글라데시에서 더 내륙 안쪽으로 옮겨 가야 한다.

투발루는 남태평양에 있는 섬나라로, 세계에서 가장 작은 나라 가운데 하나이다. 투발루에 사는 사람들은 물이 차올라 섬을 떠날 수밖에 없다. 지구 온난화로 해수면이 높아져 투발루가 바다 속으로 곧 가라앉게 된 것이다.

우주여행도 하고, 다른 행성에 가서 살고 싶어!

2000년에 투발루 지도자들은 오스트레일리아, 뉴질랜드, 피지에 투발루 국민 모두를 이주자로 받아 달라고 했다. 이렇게 해서 투발루 사람들은 우리 지구의 첫 번째 '기후 망명자'가 될 수도 있다.

아프리카에서는 사막이 점점 더 넓어지고 있다. 앞으로 20여 년이 지나면 몇백만 명이 아프리카 대륙 북쪽의 건조한 지역을 떠나야만 할 것이다.

그러므로 내일의 세계도 오늘날의 세계처럼 이주의 세계가 될 것이 틀림없다. 어떤 사람들은 지구가 점점 더 늘어나는 인구 때문에 비좁을 것이라고 한다.

우리는 지구를 떠나 다른 행성으로 가서 살아야 할지도 모른다. 아직 그런 이주가 일어나지는 않겠지만, 옛날 지구 곳곳을 누빈 개척자들처럼 우리 인간은 언제나 새로운 땅, 새로운 모험을 꿈꾼다.

 정보+

누구나 시민이 될 수 있는 나라, 뉴토피아

앞으로 세계는 어떻게 될까? 지구에 국경이 없어질 수 있을까? 몇십 년 전에 영국의 유명한 가수인 존 레논과 일본 사람인 그의 아내 오노 요코가 국경도 없고 땅도 없고 여권도 필요 없는 '뉴토피아'를 상상해 냈다. 뉴토피아의 시민이 되기 위해서는 어떤 서류도 필요 없다. 그저 원하기만 하면 되는 것이다. 뉴토피아의 국기는? 하얀 직사각형. 국가는? 몇 초 동안의 침묵이다. 이보다 더 간단할 수 있을까?

뉴토피아를 세운 1973년부터 존 레논과 오노 요코는 국제연합에 뉴토피아를 회원국으로 받아들여 달라고 했다. 어쩌면 이것은 우리 인류가 모두 같은 세계에 사는 시민이라는 것을 증명해 주는 아름다운 방법일지 모른다.

네가 할 차례야!

맞을까 틀릴까?

지구 온난화 때문에 이주해야 하는 사람들은 거의 가난한 나라 사람들이다.

우주로 떠난 동물

1957년에 러시아에서 동물 한 마리를 우주로 보냈다. 인간이 다른 행성에서 살 수 있을지 미리 알아보려 했던 것이다. 하지만 우주로 보내진 동물은 1주일이 지나자 산소가 부족해 심장이 멈춰 버렸다. 어떤 동물이었을까?

1. '가스파로프'라는 쥐
2. '키키'라는 고양이
3. '라이카'라는 개

답은 96쪽에

Quiz 퀴즈

여러분이 옛날의 이주와 오늘날의 이주를 얼마나 잘 알고 있는지, 다음 20개의 문제를 친구와 함께 풀어 보자.

1 먼 거리를 이동하는 것으로 이름난 나비는 무엇일까?
 a. 호랑나비
 b. 제왕나비
 c. 제비나비

2 베링 해협은 어디에 있을까?
 a. 아시아와 아메리카 사이
 b. 유럽과 아프리카 사이
 c. 아시아와 유럽 사이

3 '디아스포라'는 무슨 뜻일까?
 a. 세계 곳곳으로 흩어진 사람들
 b. 오랜 여행 때문에 생기는 병
 c. 먼 거리를 이동하는 새의 이름

4 크리스토퍼 콜럼버스가 아메리카 대륙을 발견한 해는?
 a. 1292년   b. 1392년   c. 1492년

5 자기가 태어난 나라에서 살고 있지 않은 사람들은 전 세계에 얼마나 될까?
 a. 약 2000만 명
 b. 약 2억 명
 c. 약 6억 명

6 굶주리는 아이들은 전 세계 아이들 가운데 얼마나 될까?
 a. 10명 가운데 1명
 b. 4명 가운데 1명
 c. 2명 가운데 1명

7 19세기에 몇 년 동안 감자 흉년이 이어져 많은 사람들이 굶주림을 피해 다른 나라로 이주해야 했던 나라는?
 a. 프랑스   b. 아일랜드   c. 이탈리아

8 시골에서 도시로 이주하는 것을 무엇이라고 할까?
 a. 이농   b. 전학   c. 소풍

9 다음의 세 나라 가운데에서 다른 나라로 이주를 떠나는 사람들이 가장 많은 나라는?
   a. 중국   b. 일본   c. 미국

10 이주자들을 가장 많이 받아들이는 나라는?
   a. 독일   b. 캐나다   c. 미국

11 미국의 도시인 뉴욕의 첫 번째 이름은?
   a. 뉴올리언스
   b. 뉴 암스테르담
   c. 뉴질랜드

12 미국에서 영화배우로 성공한 찰리 채플린은 원래 어느 나라에서 태어났을까?
   a. 스위스   b. 오스트레일리아   c. 영국

13 본래 이름이 '마리아 스쿼도프스카'인 사람은 누구일까?
   a. 마리 퀴리   b. 마돈나   c. 시몬 시뇨레

14 '두뇌 유출'이란 무슨 뜻일까?
   a. 머리에 하는 수술
   b. 지식 수준이 높은 사람들이 자기 나라를 떠나 외국에 가서 일하는 것
   c. 뛰어난 재주를 가진 사람

15 리오그란데 강은 어디에 있을까?
   a. 멕시코와 과테말라 사이에
   b. 브라질과 아르헨티나 사이에
   c. 멕시코와 미국 사이에

16 망명자들이 가장 많이 찾는 나라는?
   a. 러시아   b. 미국   c. 독일

17 유럽에서 오래전부터 떠돌이 생활을 해 온 집시는 원래 어느 나라 사람들이었을까?
   a. 인도   b. 러시아   c. 에스파냐

18 '인종 차별'이란 무엇을 뜻할까?
   a. 특정한 인종을 불평등하게 대하는 일
   b. 어린이를 불평등하게 대하는 일
   c. 동물을 불평등하게 대하는 일

19 터키에서 즐겨 먹는 음식은 어느 것일까?
   a. 불고기   b. 케밥   c. 카레

20 존 레논과 오노 요코가 세운 상상의 나라는?
   a. 유토피아   b. 뉴토피아   c. 샹그릴라

퀴즈의 답과 점수

점수를 계산하려면!

정답을 맞힌 문제 수를 모두 세어 점수를 매긴다. 그 점수에 따라 세계 시민 의식 지수를 알아보자.

정답

1 – b (15쪽 참조)	11 – b (47쪽 참조)
2 – a (15쪽 참조)	12 – c (53쪽 참조)
3 – a (19쪽 참조)	13 – a (53쪽 참조)
4 – c (20쪽 참조)	14 – b (48쪽 참조)
5 – b (34쪽 참조)	15 – c (64쪽 참조)
6 – c (43쪽 참조)	16 – b (64쪽 참조)
7 – b (29쪽 참조)	17 – a (71쪽 참조)
8 – a (26쪽 참조)	18 – a (81쪽 참조)
9 – a (34쪽 참조)	19 – b (75쪽 참조)
10 – c (45쪽 참조)	20 – b (91쪽 참조)

여러분의 세계 시민 의식 지수는?

14~20점

대단한 수준! 알아야 할 것을 제대로 알고 있는 똑똑한 세계 시민이다. 이제 친구들에게 이주와 우리를 둘러싸고 있는 세계에 대해서 알려 줄 차례이다.

9~13점

훌륭하다! 이주에 대해 많이 알고 있는 편이다. 그렇다고 해도 이 책을 다시 읽어 보고 나서 며칠 뒤에 퀴즈를 한번 더 풀어 보는 것이 어떨까?

0~8점

혹시 문제를 잘 읽지 않은 것은 아닐까? 이 책을 몇 차례 더 읽어 보면 이주에 대한 지식이 늘어날 것이다.

> 네가 할 차례야! 정답

15쪽

철새들은 왜 V자를 그리면서 나는 걸까?
정답은 3
V자로 날면 앞에 있는 새가 공기의 저항을 줄여 줘서 뒤따라오는 무리가 덜 피곤하다. 그래서 앞에서 나는 새가 지치면 자리를 번갈아 바꾸면서 난다.

베링 해협을 어떻게 건넜을까?
정답은 2
그때에는 시베리아와 알래스카 사이에 해협이 없었다.

21쪽

옛날 유럽에서 야만인을 뜻하는 '바버리언'은 누구?
정답은 2
로마 사람들은 이들 떠돌이 종족을 야만인이라는 뜻으로 '바버리언'이라고 불렀다.

'엘도라도'는 어디에서 나온 말일까?
정답은 3
에스파냐 말로 '엘도라도(el dorado)'는 '금으로 덮인'이라는 뜻이다. 따라서 엘도라도는 상상 속 황금의 나라를 가리킨다.

28쪽

황금을 좇아서 떠난 여행
정답은 1
골드러시는 황금을 찾으려고 많은 사람들이 몰려드는 현상을 이른다.

44쪽

맞을까 틀릴까?
1. 틀린다
물론 가난에서 벗어나려고 이주를 한다. 하지만 자기 나라를 떠나 다른 나라로 가는 데에는 얼마간의 돈이 든다. 따라서 이런 비용을 낼 수 있는 사람이 이주할 수 있다.

2. 틀린다
남자가 이주하는 숫자만큼 여자도 이주한다. 하지만 이주의 시기와 형태에 따라 남자가 여자보다 더 많이 이주하기도 한다. 예를 들면 계절 이주는 남자가 더 많다.

51쪽

인재의 90퍼센트가 떠나는 나라?
정답은 2
기아나는 남아메리카 동북부 해안 지역에 있다.

뛰어난 재능을 가진 나는 누구?
정답은 3
〈모나리자〉를 그린 이탈리아 화가 레오나르도 다빈치이다. 오늘날 이 그림은 파리의 루브르 미술관에 전시되어 있다.

대단한 두뇌를 가진 나는 누구?
정답은 2
알베르트 아인슈타인은 유대인이었는데, 나치스를 피해서 독일에서 미국으로 건너갔다.

57쪽

솅겐 공간인가 아닌가?
정답은 3
아일랜드는 솅겐 공간에 들어가지 않는다. 2006년에는 유럽의 25개 나라 가운데 13개 나라만이 솅겐 공간에 들어가기로 했다. 13개 나라는 그리스, 네덜란드, 덴마크, 독일, 룩셈부르크, 벨기에, 스웨덴, 에스파냐, 오스트리아, 이탈리아, 포르투갈, 프랑스, 핀란드이다.

맞을까 틀릴까?
맞다
해마다 미국 정부는 추첨을 하여 5만 명의 외국인에게 '영주권'을 준다. 영주권을 받으면 미국에서 살 권리가 생긴다. 이 추첨에 참여하려면 미국에 이민자가 별로 없는 나라 출신이어야 한다. 예를 들어 러시아나 캐나다 사람들처럼.

65쪽

망명자가 가장 많은 대륙은?
이 나라들은 모두 아프리카 대륙에 있다. 이들 나라에서 떠난 망명자들은 흔히 아프리카의 이웃 나라들로 간다.

맞을까 틀릴까?
맞다
전 세계 망명자의 반은 여성과 어린이이다. 이들은 거의 힘든 나날을 보낸다. 어떤 단체는 망명자 수용소에서 지내는 어린이들에게 장난감을 나눠 준다. 어린이라면 세계 어느 곳에 있든 언제나 놀이를 하면서 지낼 권리가 있다!

71쪽

집시는 무슨 일을 했을까?
정답은 3
지역이나 나라에 따라 다르지만, 집시들은 대장장이나 주물공 일을 많이 했다. 또 미신을 좋아하고 음악에 뛰어난 재능을 가져서 점쟁이, 마술사, 악사, 가수로 활동해서 돈을 벌었다.

내가 살던 나라는 어디일까?
정답은 3
'포' 라는 쌀국수는 베트남의 음식이다.

77쪽

아프리카를 물들이는 화려한 색깔의 이 옷은?
정답은 2
이 옷의 이름은 '부부' 이다.
기모노는 일본의 전통 의상이고, 파레오는 폴리네시아의 전통 의상이다.

미국 돈은 어느 것일까?
정답은 1
1은 미국 달러로, 초록색이어서 '초록색 지폐(Greenback)' 라고도 한다.
2는 유로화로, 유럽 12개 나라에서 같이 사용한다.
3은 한국에서 사용하는 1000원짜리 지폐이다.

83쪽

여러 재료가 한데 섞인 이것!
정답은 1
미국에서는 여러 나라에서 온 사람들이 서로 섞여 저마다 갖고 있는 색깔과 특성을 살리고 존중하며 더불어 사는 사회를 가리켜 '샐러드 볼' 이라고 말한다.

맞을까 틀릴까?
틀린다
가끔씩 은퇴를 하여 돌아가는 경우를 빼고는 자기 고국으로 돌아가는 이주자는 매우 적다.

소피아의 국적은?
정답은 3
소피아의 국적은 모로코이다. 하지만 18살(부모가 요청할 때에는 13살)부터 프랑스 국적을 얻을 수 있다.

91쪽

맞을까 틀릴까?
맞다
이 나라들은 돈이 별로 없어서 자연의 '경고' 에 대응할 방법이 없다. 그래서 가난한 나라들에서는 지구 온난화 때문에 생기는 이주가 앞으로 매우 많아질 것으로 보인다.

우주의 동물
정답은 3
'라이카' 라는 개였다.

낱말 풀이

ㄱ

개발도상국
산업의 근대화와 경제 개발이 선진국에 비하여 뒤떨어졌지만 서서히 나아지고 있는 나라.

개척자
어느 곳에 처음으로 자리를 잡고 살기 좋게 가꾸는 사람.

계절노동자
계절에 따라 일이 많이 몰리는 산업 분야에서 몇 주 또는 몇 달 동안만 일을 하는 사람으로, 다른 지역이나 다른 나라로 옮겨 가서 일을 하기도 한다.

계절 이주
1년 가운데 얼마 동안만 다른 곳으로 옮겨 가는 것. 동물들도 계절 이주를 한다.

관습
어떤 나라나 지역에서 오랫동안 지켜 내려와 그 사회에 사는 사람들이 널리 인정하는 질서나 풍습.

국제연합
1945년, 제2차 세계대전이 끝나고 나서 전쟁을 피하고 국제적인 문제를 세계 여러 나라가 힘을 모아 해결하려고 세운 국제기구. 오늘날 세계 대부분의 나라가 국제연합에 가입하였다.

국제이주기구
세계 곳곳에서 벌어지는, 이주에서 일어나는 문제를 해결하기 위해 1951년에 세워진 기구. 주로 이주민들의 권리를 늘려 나가고, 의료나 이주에 따른 비용을 비롯하여 여러 분야에서 도움을 주고 있다.

귀화
다른 나라로 이주하여 그 나라의 국적을 얻고 그 나라 시민이 되는 것.

기근
흉년으로 먹을 양식이 모자라 한꺼번에 많은 사람들이 굶주리는 상태.

ㄴ

농경
사람들이 식량을 얻으려고 채소나 곡식을 가꾸거나 가축을 기르는 일.

ㄷ

다문화 사회
다양한 인종이 모여 살게 됨으로써 여러 문화가 함께 어우러진 사회.

디아스포라
하나의 민족이 세계 곳곳으로 흩어지는 것. 본래 '분산, 이산'의 뜻을 가진 그리스어로, 주로 팔레스타인을 떠나 전 세계에 흩어져 살면서 유대교의 규범과 생활 관습을 유지하는 유대인을 이르는 말이다.

ㅁ

망명자
전쟁이나 정치 체제 때문에 자기 나라를 떠나는 사람. 주로 자신의 생각이나 종교 때문에 자기 나라 정부로부터 위협을 받아 떠난다. 또 자연재해를 피해 자기 나라를 떠나는 망명자도 늘고 있다.

밀입국자
그 나라에 들어가 살 권리가 없는데 그 나라에서 살고 있는 사람.

ㅂ

바버리언
고대 그리스 사람들과 로마 사람들에게 바르바르족은 그리스어도 못하고 라틴어도 못하는 사람들이었다. 그래서 이들에게 야만인을 뜻하는 이 이름을 붙였다.

박해
출신, 사상, 종교 따위가 다르다는 이유만으로 어떤 사람이나 집단 또는 민족을 못 살게 굴거나 학대하는 것.

본능
생물체들이 배우지 않고도 저절로 어떤 일을 하게 만드는 힘. 이주 동물이 이동할 때 그들을 제 길로 이끌어 주는 것이 본능이다.

불법 체류자
정식 절차를 밟지 않거나, 기한을 어기면서 다른 나라에 머무는 사람.

불법 체류자 합법화
정부가 꽤 오래전부터 자기 나라 땅에 살고 있는 불법 체류자들에게 머물러도 좋다는 허락으로 체류증을 내어 주기로 결정하는 것.

비자
어느 나라에 들어갈 수 있도록 여권에 찍어 주는 도장.

ㅅ

산업혁명
19세기에 유럽에서 일어난 생산 기술의 변화와 그에 따른 사회의 큰 변화. 수공업으로 이루어지던 작업장이 큰 공장으로 바뀌면서 사회 조직도 크게 바뀌었다.

서방 세계
자본주의와 자유 민주주의를 채택한 서유럽 국가를 동유럽의 공산 국가에 맞대어 이르는 말.

식민지
정치나 경제에서 다른 나라의 지배를 받아 국가의 주권을 잃은 나라.

신세계
16세기부터 유럽 사람들이 아메리카 대륙에 붙인 이름으로, 새로 발견한 세계를 뜻한다.

실업
일을 하고자 하는 뜻이 있고 일할 능력을 가진 사람이 일자리를 잃거나 일할 기회를 가지지 못하는 상태.

십자군 전쟁
중세에 서유럽의 그리스도교도들이 이끌었던 전쟁으로, 이슬람교도들에게서 성지 예루살렘을 되찾으려던 것이다.

ㅇ

아랍 민족
아라비아 출신 민족. 아라비아는 아시아 남서부 페르시아 만, 인도양, 아덴 만, 홍해에 둘러싸여 있는 지역이다. 대부분이 사막이므로 주민들은 오아시스 부근에서 농사를 짓는다. 역사가 흐르는 동안 많은 아라비아 사람들이 지중해 연안으로 이주했다.

영주권
일정한 요건을 갖춘 외국인에게 그 나라에서 영주할 수 있도록 주는 권리. 영주권을 얻은 뒤 일정 기간이 지나고 귀화할 수 있는 조건이 되면 그 나라 국민으로서 권리를 행사할 수 있는 시민권을 얻는다.

외국인
다른 나라 사람. 또는 자기가 현재 살고 있는 나라의 국적을 갖지 않은 사람.

유대인
유대교를 믿는 민족. 고대에는 팔레스타인에 살다가, 로마 제국에 의하여 예루살렘이 파괴되면서 세계 곳곳에 흩어짐. 1948년에 다시 팔레스타인에 이스라엘을 세워 살고 있다.

유럽연합
유럽의 정치와 경제 통합을 실현하기 위하여 유럽 12개 나라가 참가하여 만든 연합 기구.

유목민
정해 놓은 거주지가 없는 사람. 목축을 업으로 삼아 물과 풀을 따라 옮겨 다니며 사는 민족. 오늘날에는 중앙아시아, 몽골, 사하라 같은 건조·사막 지대에 많이 산다. 유목민이었던 최초의 인간들은 먹을 것을 찾아 여기저기 옮겨 다녔다.

이농
농민이 농사일을 그만두고 농촌을 떠나 도시로 이주하는 현상.

이민
자기 나라를 떠나 다른 나라로 이주하는 일. 인구가 지나치게 많거나 정치, 경제, 종교, 환경에서 비롯된 여러 가지 사회 불안 때문에 새로운 나라로 떠난다.

이민 정책
이민을 받아들이는 국가에서 이민에 관해 내리는 결정 전체를 가리킨다.

이주
본래 살던 집에서 다른 집으로 거처를 옮기는 것. 또 개인이나 종족, 민족과 같은 집단이 본래 살던 지역이나 나라를 떠나 다른 지역이나 다른 나라로 가서 머물러 사는 것을 말함.

이주 동물
환경에 적응하기 위하여 이제껏 살던 곳과 같은 자연적인 환경을 찾아서 옮겨 사는 동물. 흔히 계절에 따라 옮겨 다니는 동물을 가리킨다.

인구 과잉
어느 지역 안에 그 지역의 생산력을 넘어설 만큼 인구가 많은 상태. 인구가 지나치게 많아지면 식량이 모자라고 생활 조건도 나빠지며 일자리도 부족해진다. 따라서 인구 과잉은 이주의 가장 큰 원인이 된다.

인구 폭발
인구가 아주 많이, 그리고 빠르게 늘어나는 것.

인종 차별
어느 인종에게 출신, 종교, 피부색이 다르다는 이유로 불평등하게 대하는 일.

인종 차별주의
인종 사이에 유전적으로 낫고 못함이 있다고 하여 멸시, 박해, 차별 따위를 마치 올바른 일인 것처럼 여기도록 만드는 주장. 나치스의 반유대주의, 백인의 흑인 차별 따위가 있다.

ㅈ

적응
인간이 사회의 다양한 상황이나 조건과 잘 어울리는 상태와 그 과정.

제노포비아
외국인을 적으로 여기거나 몹시 싫어하는 심리.

종
생물 분류의 기초 단위. 서로 번식을 할 수 있는 개체군이다. 동물종과 식물종이 있다.

ㅊ

차별 금지 정책(적극적 조치)
오래도록 불이익을 당하던 사람들에게 이익을 주는 것.

철새
철에 따라 이리저리 옮겨 다니며 사는 새.

추방
자기 나라에 머무르는 것이 위험하다고 생각되는 사람에게 외국으로 나갈 것을 명령하는 일.

ㅋ

쿼터 정책
쿼터는 미리 정해 놓은 비율이나 숫자이다. 나라에 따라서는 정부에서 해마다 국적 허용이나 이민의 수를 정해 놓기도 한다.

더불어 사는 지구 17

너는 어느 나라에서 왔니?

처음 펴낸 날 2008년 5월 30일 | 여덟번째 펴낸 날 2017년 6월 20일

글 리비아 파른느 · 브뤼노 골드만 | 옮김 이효숙 | 감수 윤인진
펴낸이 이은수 | 편집 이지원 | 교정 송혜주 | 디자인 투피피

그림  스테판 우아리   마티아스 갈리

펴낸곳 초록개구리 | 출판등록 2004년 11월 22일(제300-2004-217호)
주소 서울시 종로구 진흥로 452, 3층 | 전화 02-6385-9930 | 팩스 0343-3443-9930
페이스북 www.facebook.com/greenfrog.pub

ISBN 978-89-92161-11-4 73860
ISBN 978-89-956126-1-3 (세트)

사진 저작권

- **page 38** : ph © J.-L. Klein & M.-L. Hubert / Bios • **page 39** : ph © Benoît Decout / Réa • **page 40** : ph © M. Colin / Hemis.fr
- **page 41** : ph © E. Baret / Sunset • **page 43** : ph © C. Boisseaux / La Vie-Réa • **page 84** : ph © Mauritius / Photononstop
- **page 85** : ph © Tibor Bognar / Photononstop • **page 86** : ph © Grant V. Faint / Getty Images • **page 87** : ph © C. Vasconcellos / Getty Images